André Luiz Delgado Corradini

Princípios do cinema e introdução ao videodocumentário

EDITORA
intersaberes

O selo DIALÓGICA da Editora InterSaberes faz referência às publicações que privilegiam uma linguagem na qual o autor dialoga com o leitor por meio de recursos textuais e visuais, o que torna o conteúdo muito mais dinâmico. São livros que criam um ambiente de interação com o leitor – seu universo cultural, social e de elaboração de conhecimentos –, possibilitando um real processo de interlocução para que a comunicação se efetive.

EDITORA intersaberes

Rua Clara Vendramin, 58 . Mossunguê
CEP 81200-170 . Curitiba . PR . Brasil
Fone: (41) 2106-4170
www.intersaberes.com
editora@editoraintersaberes.com.br

Conselho editorial
Dr. Ivo José Both (presidente)
Dr.ª Elena Godoy
Dr. Neri dos Santos
Dr. Ulf Gregor Baranow

Editora-chefe
Lindsay Azambuja

Supervisora editorial
Ariadne Nunes Wenger

Analista editorial
Ariel Martins

Preparação de originais
Bruno Gabriel

Edição de texto
Floresval Nunes Moreira Junior

Capa e projeto gráfico
Charles L. da Silva

Diagramação
Andreia Rasmussen

Equipe de *design*
Luana Machado Amaro
Iná Trigo
Sílvio Gabriel Spannenberg

Iconografia
Sandra Lopis da Silveira
Regina Claudia Cruz Prestes

Dados Internacionais de Catalogação na Publicação (CIP)
(Câmara Brasileira do Livro, SP, Brasil)

Corradini, André Luiz Delgado
  Princípios do cinema e introdução ao videodocumentário/ André Luiz Delgado Corradini. Curitiba: InterSaberes, 2019.
(Série Excelência em Jornalismo)

  Bibliografia.
  ISBN 978-85-227-0128-5

  1. Cinema – Técnicas 2. Cinema – Teoria 3. Vídeos – Produção – História e crítica I. Título. II. Série.

19-28834   CDD-791.43

Índices para catálogo sistemático:
1. Cinema   791.43

Iolanda Rodrigues Biode – Bibliotecária – CRB-8/10014

1ª edição, 2019.

Foi feito o depósito legal.

Informamos que é de inteira responsabilidade do autor a emissão de conceitos.

Nenhuma parte desta publicação poderá ser reproduzida por qualquer meio ou forma sem a prévia autorização da Editora InterSaberes.

A violação dos direitos autorais é crime estabelecido na Lei n. 9.610/1998 e punido pelo art. 184 do Código Penal.

Sumário

6	Apresentação
11	Como aproveitar ao máximo este livro

Capítulo 01
16 Pré-cinemas
17	O período que antecede o cinema
19	Fuzil cinematográfico
22	Lanterna mágica
23	Fenaquistiscópio
25	Os irmãos Lumière
31	Georges Méliès

Capítulo 02
45 A linguagem cinematográfica
46	Linguagem
48	Imagem
49	Pesquisa
50	Roteiro
66	Objetivo da cena
67	Enquadramentos
70	Composição

76 Tomadas e planos
88 Movimentos de câmera

Capítulo 03
100 Principais escolas e movimentos cinematográficos
101 Os movimentos cinematográficos
103 Construtivismo
111 Expressionismo
117 Neorrealismo
123 Nouvelle vague
129 Dogma 95
137 Cinema brasileiro
145 Cinema digital

Capítulo 04
154 Documentarismo
156 Conceitos de documentarismo
161 A linguagem e a abordagem documental
166 O documentarismo e a ficção
170 Produção, direção e edição de documentários
175 Roteiro
177 Tipos de documentários

Capítulo 05
190 Imagem digital e edição
191 Imagem digital
194 *Pixels* × imagens
196 Sensor CCD
197 Sistemas digitais
201 Codecs
203 Edição
205 Edição linear
207 Edição não linear

214 *Estudo de caso*
223 *Para concluir...*
226 *Glossário de termos técnicos*
256 *Referências*
264 *Respostas*
269 *Sobre o autor*

Apresentação

O cinema já faz parte da vida de todos nós, seja como diversão, seja como elemento cultural, seja profissional e até mesmo didático. Mas o cinema não nasceu necessariamente com a forma com que estamos acostumados a vê-lo atualmente. Ele foi se modificando, sendo aperfeiçoado ao longo do tempo. Diferentes formatos, movimentos e linguagens foram sendo desenvolvidos, mas sempre partindo do princípio básico dessa arte, criada pelos irmãos Lumière e Thomas Edison e desenvolvida por muitos outros amantes, pesquisadores e estudiosos.

As personagens que acabamos de citar, a princípio, criaram máquinas para poder capturar ou filmar cenas em movimento tendo como base o próprio conceito fotográfico. Entendemos, contudo, que eles não "inventaram" somente máquinas, mas sim o próprio cinema e tudo o que ele carrega em suas imagens, linguagens e formas. O que eles criaram foi uma nova forma de fazer arte, fundamentada, é claro, em grandes mestres que forneceram os conceitos imagéticos que carregam informações visuais e, consequentemente, artísticas, tão bem aproveitadas na grande tela do cinema.

Desde o seu início, o cinema causou grande impacto sobre todos os que o conheceram, impressão que permanece até os dias de hoje! O encanto que ele proporciona a seus mais diferentes espectadores o conceitua e o credencia como uma das formas de arte mais populares já existentes.

É claro que temos de levar em consideração que a produção cinematográfica, nos moldes de hoje, não é possível sem alto investimento financeiro. Os produtores cinematográficos, por menores que sejam, movimentam cifras consideráveis em suas mais modestas produções, transformando o cinema em uma arte para poucos executarem e muitos assistirem.

Mas o conceito de imagem em movimento nos levou (e nos leva) a diversos caminhos. A própria televisão, com seus mais diferentes produtos, deve sua forma e existência ao cinema. Até mesmo os vídeos que fazemos em nosso dia a dia, com câmeras de vídeo ou *smartphones*, tão populares atualmente, são altamente influenciados pelas composições, linguagens e formas cinematográficas.

A forma como a captura de imagens em movimento foi criada e desenvolvida permanece pouco alterada. Ao fazermos um comparativo, é clara a influência estética e visual dessa forma inicial no modo como enquadramos uma cena com qualquer câmera de vídeo ou até mesmo com *smartphones*. O resultado dessas práticas poderá ser facilmente identificado, por exemplo, nos vários filmes produzidos pelos irmãos Lumière. Se recuarmos um pouco mais, será possível observar fortes influências de movimentos oriundos das artes plásticas, como impressionismo e realismo, ou até mesmo do Renascimento. Neste livro, não temos a pretensão de fazer um estudo da relação técnica do cinema com as escolas artísticas, mas é possível encontrar muitos estudos que claramente relacionam diversos movimentos do cinema com períodos artísticos de diversas outras formas de arte, como a pintura, por exemplo.

Jacques Aumont (2004), em seu livro *O olho interminável: cinema e pintura*, faz um profundo estudo dialético sobre as diferentes manifestações artísticas, suas representações visuais e toda a narratividade que está na essência dessas formas. Outros muitos estudos publicados, em vários formatos, como artigos, dissertações e teses, nos oferecem substanciosas informações para fazermos tais relações.

Nesta obra, a intenção principal é mostrar o cinema com mais detalhes do que estamos acostumados a olhá-lo. Assim, poderemos entender suas diferentes linguagens, formas, movimentos e até mesmo um pouco de sua história. Aprendendo a olhar o cinema por diferentes pontos de vista – ora técnicos, ora artísticos –, será possível apreciá-lo também de diferentes maneiras, além de possibilitar a entrada na produção dessa arte.

Embora este livro não seja um manual de como fazer cinema, ele tem também o objetivo de fazer o leitor compreender sua forma de produção, passo inicial para quem quer entrar no mundo da produção cinematográfica ou até mesmo de suas referências para o uso na produção de vídeos, documentários, entre outros produtos de televisão. O público-alvo é composto por estudantes de comunicação e interessados na área.

A obra está organizada da seguinte maneira: no Capítulo 1, veremos um pouco da história do cinema e dos acontecimentos que levaram à sua criação, além de algumas das invenções que inspiraram o método que temos hoje de filmar e projetar as imagens em movimento. Citaremos, ainda, algumas das personagens mais importantes na trajetória da criação do cinema, como os irmãos Lumière e Georges Méliès.

No Capítulo 2, mostraremos o que é linguagem cinematográfica e como ela possibilita que se conte uma história por meio de imagens e sons. Para isso, é necessário que você conheça a forma de comunicação por trás de imagens, sua estética visual, suas composições e seus enquadramentos.

No Capítulo 3, abordaremos os principais movimentos cinematográficos. Nele, será possível identificar as principais escolas e o que elas podem significar no desenvolvimento da arte de fazer cinema.

No Capítulo 4, traremos o conceito de *documentarismo*. Nele, também discutiremos sobre produção, direção e edição de documentários. É o momento em que poderemos nos debruçar sobre o estudo do gênero, compreendendo a base que sustenta esse tipo de cinema.

Já no Capítulo 5, abordaremos um tema bastante pertinente ao estudo em geral: o uso de imagem digital e a edição. Veremos conceitos e definições de imagens, tanto analógicas como digitais, a evolução dos formatos e sua relação com o cinema e a televisão. Apresentaremos também algumas características de uma imagem, seu tamanho (*frame rate*) e seu fluxo (*bit rate*). Outro tema de grande importância do qual trataremos é a diferença entre as edições analógica e digital, seu histórico e as características dos equipamentos e *softwares* utilizados.

Em resumo, podemos dizer que você terá, nas próximas páginas, a possibilidade de entrar em um mundo onde a arte conversa com a vida real. Muitas vezes, nós também aplaudimos isso. Para que sua leitura seja ainda melhor, sugerimos que fique atento às seções disponíveis em cada capítulo. Cada uma delas pode auxiliar na reflexão sobre os temas abordados, enriquecendo o estudo proposto.

Boa leitura e bons filmes!

Como aproveitar ao máximo este livro

Este livro traz alguns recursos que visam enriquecer o seu aprendizado, facilitar a compreensão dos conteúdos e tornar a leitura mais dinâmica. São ferramentas projetadas de acordo com a natureza dos temas que vamos examinar. Veja a seguir como esses recursos se encontram distribuídos no decorrer desta obra.

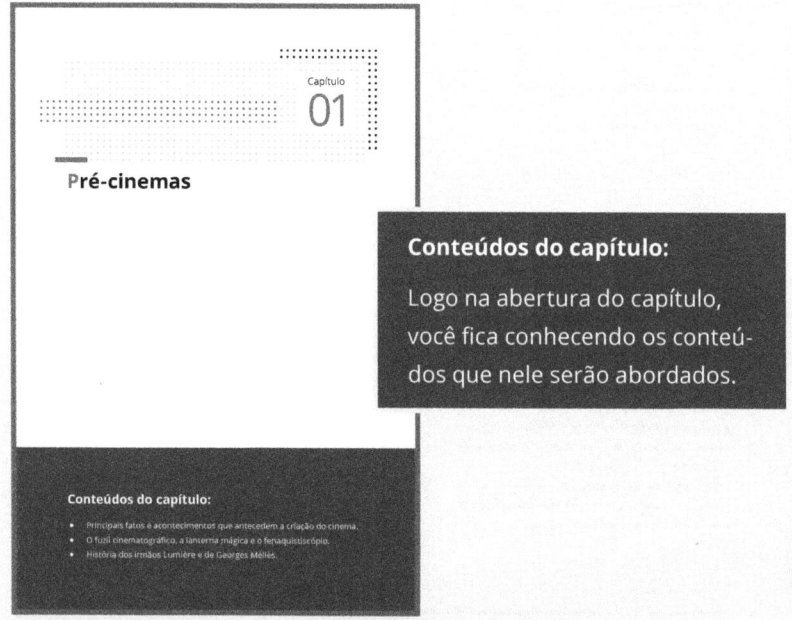

Capítulo
01
Pré-cinemas

Conteúdos do capítulo:
Logo na abertura do capítulo, você fica conhecendo os conteúdos que nele serão abordados.

Conteúdos do capítulo:
- Principais fatos e acontecimentos que antecedem a criação do cinema.
- O fuzil cinematográfico, a lanterna mágica e o fenaquistiscópio.
- História dos irmãos Lumière e de Georges Méliès.

Preste atenção!

Nestes boxes, você confere informações complementares a respeito do assunto que está sendo tratado.

Seus filmes trouxeram grandes avanços técnicos e narrativos para o cinema. Já em 1896, ele começou a exercitar as primeiras características que marcariam seu estilo: os efeitos especiais, o absurdo e a fantasia.

Preste atenção!

Enquanto os irmãos Lumière se empenhavam em tentar mostrar o mundo tal como ele era, Méliès usava o celuloide para apresentar mundos, seres e situações irreais e fantasmagóricos.

Além disso, no setor de montagem, Méliès introduziu o corte (momento em que a câmera para de filmar uma cena para filmar outra). Assim, as histórias passaram a ser contadas por meio da concatenação de cenas.

Outro efeito especial marcante na obra de Méliès é a sobreposição. Ela é feita da seguinte forma: filma-se uma imagem em um fundo totalmente preto, porque o preto não é revelado na película. Depois, a câmera é rebobinada e uma nova imagem é filmada, mas dessa vez com a imagem anterior como fundo. Desse modo, podemos incrustar uma imagem na outra e fazer cenas inimagináveis, como a do filme *O homem orquestra*, de 1900, que pode ser vista na Figura 1.11.

com o que está assistindo e, de uma forma ou de outra, possa executar a "ação" planejada ou mesmo ter a reação esperada, como o riso, o choro, entre outras.

Importante!

Linguagem não é apenas a maneira como escrevemos ou falamos. Ela envolve todos os recursos que usamos: desde a cor usada nas artes, a trilha sonora, o tipo de câmera e seus movimentos na hora da gravação, como os itens serão editados e finalizados e, até mesmo, o tempo de duração que o filme terá. Além disso, a linguagem precisa se identificar com o público-alvo.

Identificar a linguagem de uma obra com seu público-alvo não se trata de uma tarefa que pode ser resolvida de uma hora para a outra. É preciso adentrar em um processo de produção, no qual várias etapas são percorridas, existindo, para isso, muito estudo e planejamento. Tudo é feito para que o produto final possa ser considerado "terminado", ou seja, o filme esteja pronto e, o melhor de tudo, seja um sucesso!

Para que isso aconteça, é necessário que se conheça a fundo o público que assistirá ao filme, suas necessidades, sua maneira de agir e pensar, seus gostos e suas reações.

Importante

Algumas das informações mais importantes da obra aparecem nestes boxes. Aproveite para fazer sua reflexão sobre os conteúdos apresentados.

Princípios do cinema e introdução ao videodocumentário

 A linguagem cinematográfica

Perguntas & respostas

O que é o *travelling*?

O *travelling* é um movimento em que a câmera se desloca horizontalmente sobre um eixo móvel, podendo ser um carrinho sobre trilhos, um carro, uma motocicleta ou qualquer outro equipamento que permita esse movimento. Ele é muito utilizado para movimentar a câmera no mesmo sentido que a cena acontece – por exemplo, em uma cena em que uma pessoa está correndo e é necessário acompanhá-la durante determinado trajeto.

Qual o movimento de câmera mais apropriado para descrever um prédio ou uma pessoa na vertical?

Tilt ou panorâmica vertical.

Como se chama o movimento que utiliza o recurso possibilitado pela lente *zoom*?

Zoom in ou *zoom out*.

Síntese

Ao longo deste capítulo, tratamos de conceitos e definições de linguagens cinematográficas e dos elementos que as compõem. Vimos o que é composição e como criá-la com o uso da perspectiva, da luz, das linhas e do posicionamento da câmera.

Perguntas & respostas

Nesta seção, o autor responde a dúvidas frequentes relacionadas aos conteúdos do capítulo.

 Pré-cinemas

estáticas. O processo consistia em colocar vários desenhos ou várias formas geométricas em uma placa circular. Esses desenhos deveriam conter uma sequência de imagens. Quando esse disco era girado sobre um espelho e sob uma fonte de luz, obtinha-se a impressão de que os desenhos estavam se movimentando.

Como funcionava a lanterna mágica?

Ela consistia em um instrumento que projetava, em uma tela, imagens pintadas em um suporte transparente projetadas com a ajuda de uma fonte de luz, como uma vela, por exemplo. Pode ser comparada a um projetor de *slides* ou a um projetor multimídia.

Síntese

Neste capítulo, você pôde conhecer como foram os períodos que antecederam a invenção do cinema, entendendo os principais inventos que influenciaram a construção das máquinas cinematográficas atuais. Tratamos, ainda, brevemente da história dos principais personagens que compuseram a história do cinema e participaram diretamente da construção desse produto, ou seja, participaram da própria criação dessa arte.

Síntese

Você dispõe, ao final do capítulo, de uma síntese que traz os principais conceitos nele abordados.

Exercícios resolvidos

Nesta seção a proposta é acompanhar passo a passo a resolução de alguns problemas mais complexos que envolvem o assunto do capítulo.

Exercícios resolvidos

1. Determinar com exatidão quem inventou o cinema não é tarefa muito fácil. A história nos mostra que diversas personalidades contribuíram significativamente para a criação e o desenvolvimento dessa arte. Muitas tentativas foram feitas e muitas máquinas foram criadas até que se chegasse a um modelo que oferecesse algo muito próximo ao que temos hoje: a projeção de imagens para um grande número de pessoas. Quais foram as principais personalidades que tiveram papel preponderante na criação do cinema e como cada uma delas contribuiu para o desenvolvimento dessa arte?

Resposta: Auguste Marie Louis Nicholas Lumière e Louis Jean Lumière – ou, simplesmente, irmãos Lumière – tiveram atuação preponderante na história do cinema. Eles mesmos concluíram o desenvolvimento das máquinas e dos equipamentos, até a primeira exibição pública, bem próxima do que hoje vivenciamos e apreciamos em uma seção de cinema: uma sala escura, uma grande tela e pessoas simplesmente encantadas com o que está sendo exibido.

Os irmãos Lumière produziram aproximadamente 40 filmes no ano de 1896, sempre documentando o dia a dia da família e dos franceses, além de realizarem o que também foi considerado o primeiro telejornal, um registro da conferência da Sociedade Francesa de Fotografia. Com o aprimoramento das técnicas,

---

 Imagem digital

digitalizado sem o codec. Ele está presente em todos os lugares onde existam vídeos, seja nas câmeras, seja nos *players*, seja nos *softwares*.

Questões para revisão

1. *Editar* não é apenas cortar uma imagem e colá-la na imagem seguinte. *Editar* é contar uma história utilizando imagens em vídeo, sons (voz, músicas, som ambiente), fotos, desenhos etc. Um bom editor é, antes de tudo, um bom contador de histórias. Diante disso, defina *edição linear* e descreva esse processo.

2. Os CCDs "veem" apenas em tons de cinza. Para uma câmera capturar uma imagem em cores, ela precisa fazer três medições separadas para cada *pixel* na imagem final, uma para cada cor básica no vídeo: vermelho (R), verde (G) e azul (B). Para manter os custos baixos, algumas câmeras usam somente um CCD. Um minúsculo filtro cobre o sensor, que permite a passagem de apenas uma cor primária por vez. O CDD é um sensor importante para a captura de imagens digitais. Como podemos resumir seu funcionamento?

Questões para revisão

Com estas atividades, você tem a possibilidade de rever os principais conceitos analisados. Ao final do livro, o autor disponibiliza as respostas às questões, a fim de que você possa verificar como está sua aprendizagem.

Estudo de caso

Esta seção traz ao seu conhecimento situações que vão aproximar os conteúdos estudados de sua prática profissional.

Estudo de caso

O objetivo deste Estudo de caso é a produção de um documentário, sendo o tema escolhido: "a vida dos refugiados no Brasil."

Vamos, então, percorrer todos os passos da produção de um documentário, levando em consideração os sete passos de produção estudados.

∴ **1º passo – Pesquisa e planejamento**

O primeiro passo é a pesquisa, em que a ideia será validada. É necessário verificar todas as possibilidades e a viabilidade da ideia em relação à complexidade do assunto (informações acessíveis e verídicas). Nesse momento do trabalho, será necessário realizar um levantamento sobre todos os pontos de abordagens possíveis e começar a identificar e a escolher as opções de linguagens que o documentário poderá ter.

Na pesquisa, será identificada e criada a "espinha dorsal" da história, ou seja, serão definidos seus personagens, possíveis locais de gravação, previsão de imagens, artes etc.

Note que ainda estamos na fase inicial, na qual os caminhos serão determinados, mas é importante que a profundidade desse

Capítulo
01

Pré-cinemas

Conteúdos do capítulo:

- Principais fatos e acontecimentos que antecedem a criação do cinema.
- O fuzil cinematográfico, a lanterna mágica e o fenaquistiscópio.
- História dos irmãos Lumière e de Georges Méliès.

Pré-cinemas

Neste capítulo, abordaremos alguns dos principais acontecimentos da etapa que antecedeu a criação do cinema. Nesse sentido, veremos as máquinas e os equipamentos que serviram de inspiração e modelo para o formato final dos equipamentos cinematográficos, o que inclui câmeras e projetores. O fuzil cinematográfico, a lanterna mágica e o fenaquistiscópio são apenas alguns exemplos destacados nessas várias tentativas de criação de equipamentos que pudessem reproduzir imagens da vida real em movimento.

Também neste capítulo, vamos trazer um pouco da história dos irmãos Lumière e de Georges Méliès, algumas das principais personagens responsáveis pela criação e pelo desenvolvimento da arte cinematográfica. O principal objetivo é mostrar a você, leitor, como esses fatos influenciaram e continuam influenciando até hoje a construção e a evolução do cinema.

1.1
O período que antecede o cinema

Falar da pré-história do cinema e de todos os elementos que o construíram e fizeram ser o que ele é hoje pode nos levar até a era das cavernas! Isso porque os elementos que compõem a estrutura visual e, consequentemente, a audiovisual são milenares. Um exemplo é que cientistas garantem que os homens das cavernas criavam seus desenhos e depois procuravam um ambiente mais escuro, ou seja, mais propício para assisti-los.

Arlindo Machado, em seu livro *Pré-cinemas e pós-cinemas* (1997), confirma essa ideia ao apontar que estudiosos desconfiam que muitas das imagens encontradas nas paredes das cavernas de 20 ou 30 mil anos atrás, e que foram gravadas em relevo na rocha, são uma tentativa muito rudimentar de fazer cinema. À medida que o observador se locomovia na escuridão da caverna, o fogo iluminava e escurecia parte dos desenhos, simulando uma espécie de movimento.

Passando por períodos posteriores, vemos que a trajetória cinematográfica envolve muitos outros tipos de referências. No seu início, por exemplo, vemos fortemente presentes traços da linguagens renascentista, impressionista e até expressionista.

Embora existam referências milenares sobre a estrutura e a complexidade da criação de imagens, a história do cinema não pode ser considerada tão longa quanto a do teatro, da música ou da pintura. Mas, ainda assim, é cheia de detalhes.

Vários aparelhos foram desenvolvidos por cientistas, estudiosos ou até mesmo curiosos no sentido de fazer a imagem se movimentar. O período que antecede a invenção do cinematógrafo, pelos irmãos Lumière, é repleto de testes e criações que despertaram em muita gente o amor e a ansiedade por ver imagens em movimento sendo reproduzidas nas mais diferentes e curiosas superfícies.

Sim, muita coisa foi criada para simular o movimento da vida e, neste capítulo, conheceremos algumas delas.

1.2
Fuzil cinematográfico

O *fuzil cinematográfico* ou *cronofotográfico* foi criado em 1878 pelo inventor francês Étienne-Jules Marey. A aparência de uma arma logicamente conferiu-lhe o nome, mas o fato é que o fuzil cronofotográfico era realmente uma arma que era "carregada" com um tambor forrado por uma chapa fotográfica circular, capaz de produzir 12 quadros consecutivos por segundo. Observe-o na Figura 1.1.

Figura 1.1 – Fuzil cronofotográfico

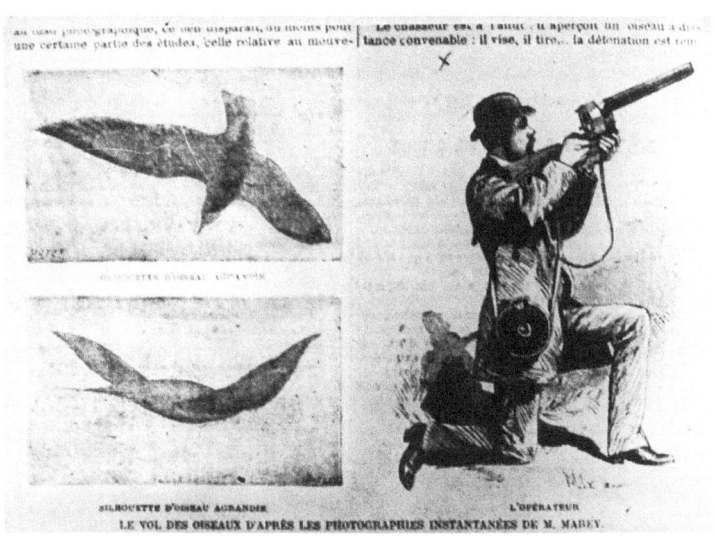

O desenvolvimento deste equipamento foi baseado nas experiências realizadas por Eadweard Muybridge, que instalou 24 câmeras fotográficas ao longo de uma pista de corrida e a cada uma delas prendeu fios que atravessavam essa pista. Conforme o cavalo passava, cortava os fios, que imediatamente disparavam a câmera fotográfica a qual estavam ligados. Isso pode gerar uma sequência de 24 imagens, pelas quais seria possível visualizar perfeitamente cada movimento do cavalo. Veja a Figura 1.2.

Figura 1.2 – A decomposição do movimento, por Eadweard Muybridge

Com o registro segmentado dos movimentos, foi possível observar diferentes pontos de vista de uma cena e aumentar ainda mais a curiosidade e a engenhosidade dos inventores e cientistas. Desde então, foram desenvolvidos novos equipamentos e tecnologias, mesmo que iniciais.

É importante observarmos que os dois inventores foram indispensáveis para a construção do que hoje conhecemos por *cinema*, mas as suas invenções, embora tratassem do "registro" de imagens em movimento, apresentavam grandes diferenças em relação ao que essa arte viria a se tornar.

Annateresa Fabris (2004, p. 55, grifo do original) em seu artigo *A captação do movimento: do instantâneo ao fotodinamismo* descreve essa relação:

> Havia uma clara diferença entre o método de Marey e aquele de Muybridge. A prática do fotógrafo inglês proporcionava uma ilusão cinemática, uma vez que os diferentes aparelhos retinham fases de um movimento dividido, ao passo que as experiências de Marey permitiam "**reunir numa mesma fotografia uma série de imagens sucessivas que representam as diferentes posições que um ser vivo ocupa durante um movimento de locomoção**". O que significa que o cientista francês tenta obter uma sincronização entre o modelo e seu traçado gráfico a fim de captar as posições intermediárias entre os diferentes estágios de um movimento. Cabe ao aparelho inserir-se entre duas possibilidades de registro – a fusão e a atomização – para dar conta de uma realidade heterogênea como a do movimento, graças a duas estratégias: um "levantamento" exato e uma ligeira "contração" espaciotemporal.

1.3
Lanterna mágica

Não é possível precisarmos a data de invenção da lanterna mágica, ou *epidascópio*, mas ela ocorreu aproximadamente no ano de 1645, sendo utilizada para ensinar e contar histórias. Ela consistia em um instrumento que projetava, em uma tela, imagens pintadas em um suporte transparente com a ajuda de uma fonte de luz, como uma vela, por exemplo.

Pela Figura 1.3, vemos que ela pode ser comparada a um projetor de *slides* ou a um projetor multimídia.

Figura 1.3 – Lanterna mágica

Marka/Universal Images Group via Getty Images

A lanterna mágica era formada por uma espécie de câmara escura no interior da qual uma fonte de luz (vela ou lamparina) iluminava as imagens "impressas" sobre uma placa de vidro e as direcionava para um jogo de lentes que ampliavam e projetavam a imagem em uma superfície clara, como um lençol branco.

Sim! Esse é exatamente o princípio do projetor de *slides* bastante utilizado até pouco tempo atrás, no qual imagens impressas em uma película de acetato eram projetadas por uma forte lâmpada em direção a um jogo de lentes e este os projetava sobre uma superfície branca. A lanterna mágica foi uma importante referência para o desenvolvimento posterior de diversos outros aparelhos e dispositivos que também projetavam imagens.

1.4
Fenaquistiscópio

O fenaquistiscópio – ou *fenacistoscópio* – foi inventado por Joseph Plateau, em 1829, e fazia exatamente o inverso do fuzil cronofotográfico, já que a ideia era produzir movimento tendo como base imagens estáticas. Embora isso possa parecer um tanto quanto estranho, veremos que, na verdade, soa bastante familiar.

O processo consistia em colocar, em uma placa circular, vários desenhos ou formas geométricas que constituíam uma sequência de imagens. Quando esse disco era girado sobre um espelho e sob uma fonte de luz, obtinha-se a impressão de que os desenhos estavam se movimentando. Temos um exemplo de sua utilização na Figura 1.4.

Figura 1.4 – Fenaquistiscópio

Preste atenção!

A sensação da imagem produzida pelo fenaquistiscópio nos lembra bastante os *gifs* animados, muito usados nos dias atuais.

1.5
Os irmãos Lumière

Determinar com exatidão quem inventou o cinema não é tarefa fácil. Machado (1997) descreve alguns fatos e acontecimentos que envolvem várias invenções precursoras do cinema e mostra o quão incerto tal definição pode ser. Segundo ele, "qualquer marco cronológico que possam eleger como inaugural será sempre arbitrário, pois o desejo e a procura do cinema são tão velhos quanto a civilização de que somos filhos" (Machado, 1997, p. 11).

A afirmação de Machado (1997) demonstra bem a vontade de se determinar a origem do cinema, o que, diante de tudo o que a história nos apresenta, acaba sendo uma tarefa quase impossível. Isso, contudo, não diminui em nada a importância de várias personagens dessa história, como os irmãos Lumière.

Auguste Marie Louis Nicholas Lumière e Louis Jean Lumière – ou, simplesmente, irmãos Lumière – tiveram atuação preponderante na história do cinema e tomaram para si os momentos finais do desenvolvimento das máquinas e dos equipamentos, até a primeira exibição pública. Essa exibição, inclusive, foi bem próxima do que hoje vivenciamos e apreciamos em uma seção de cinema: uma sala escura, uma grande tela e pessoas simplesmente encantadas com o que está sendo exibido.

Os irmãos Lumière trabalhavam com seu pai, Antoine Lumière, fotógrafo e fabricante de películas fotográficas. Sua fábrica produzia, entre outros artefatos, pratos ou chapas fotográficas (precursores dos filmes fotográficos). Louis trabalhava na pesquisa e no desenvolvimento de um filme fotográfico comercialmente viável e, aos 18 anos, com o sucesso no desenvolvimento de suas ideias e com a ajuda de seu pai, montou sua própria fábrica.

Mas o que chamou a atenção da família Lumière foi o cinetoscópio desenvolvido por Thomas Edison. Eles tomaram conhecimento desse aparelho em uma apresentação em Paris e logo partiram para o desenvolvimento de algo que pudesse juntar a animação das imagens e a projeção delas.

Figura 1.5 – Cinetoscópio

O cinetoscópio (Figura 1.5) era um aparelho que mostrava as imagens em movimento apenas para uma única pessoa, que se posicionava em frente ao equipamento e olhava dentro de um visor, onde as imagens eram exibidas.

O que os irmãos Lumière queriam é que as imagens pudessem ser vistas por muitas pessoas ao mesmo tempo, ou seja, que fosse uma exibição coletiva. Assim, baseando-se no conceito do cinetoscópio, em 1895 eles desenvolveram o cinematógrafo. Diferentemente do aparelho desenvolvido por Thomas Edison, o cinematógrafo era multifuncional, pois poderia filmar as imagens, copiá-las e projetá-las. Foi considerado o primeiro aparelho que realmente representa o início do cinema.

Figura 1.6 – Cinematógrafo

Estava, então, "inventado" o cinema, com a realização de pequenos documentários, registros da vida cotidiana da fábrica e da família dos Lumière. Um dos primeiros filmes de que se tem ciência foi o *La sortie de l'usine Lumière à Lyon* (*A saída dos operários da fábrica* Lumière). Trata-se de um microdocumentário de 45 segundos que registrou a saída dos empregados da fábrica Lumière.

Figura 1.7 – Cena do microdocumentário

A SAÍDA dos operários da fábrica Lumière. Direção: Louis Lumière. França: 1895. 1 min.

Em seguida, foram feitos *A chegada do trem na estação*, *O almoço do bebê* e *O mar*, entre outros. Todos seguiam a mesma linguagem, sendo produções quase elementares, filmados ao ar livre e sem qualquer produção. Apenas apontavam a câmera para os cenários escolhidos e realizavam a filmagem da cena, em geral de aproximadamente dois minutos.

Uma das primeiras exibições públicas oficiais de cinema foi realizada em um evento no Grand Café, localizado no *Boulevard des Capucines*, em 1895, em Paris, onde vários desses documentários foram exibidos e imediatamente considerados um grande sucesso.

Em relação às exibições públicas, Mascarello (2015, p. 19) descreve:

> Sabe-se que os irmãos Lumière não foram os primeiros a fazer uma exibição de filmes pública e paga. Em 1º de novembro de 1895, dois meses antes da famosa apresentação do cinematógrafo Lumière no Grand Café, os irmãos Max e Emil Skladanowsky fizeram uma exibição de 15 minutos do bioscópio, seu sistema de projeção de filmes, num grande teatro de vaudeville em Berlim.
>
> Auguste e Louis Lumière, apesar de não terem sido os primeiros na corrida, são os que ficaram mais famosos. [...]
>
> O Grand Café, em Paris, onde o invento dos Lumière foi demonstrado para o público, em 28 de dezembro de 1895, era um tipo de lugar que foi determinante para o desenvolvimento do cinema nos primeiros anos. Nos cafés, as pessoas podiam beber, encontrar os amigos, ler jornais e assistir a apresentações de cantores e artistas.

Figura 1.8 – Cena de *A chegada do trem na estação*

A CHEGADA do trem na estação. Direção: Auguste Lumière e Louis Lumière. França: 1896. 1 min.

Figura 1.9 – Cena de *O almoço do bebê*

O ALMOÇO do bebê. Direção: Louis Lumière. França: 1895. 1 min.

Os irmãos Lumière produziram aproximadamente 40 filmes no ano de 1896, sempre documentando o dia a dia da família e dos franceses, além de realizarem o que também foi considerado o primeiro telejornal, um registro da conferência da Sociedade Francesa de Fotografia.

Com o aprimoramento das técnicas, eles começaram a enviar profissionais para diversos lugares do mundo, sempre com a tarefa de registrar cenas para serem exibidas em diversos de seus filmes. Louis Lumière morreu em 1948, com 84 anos, e seu irmão, Auguste Lumière, em 1954, com 92 anos.

1.6
Georges Méliès

Se considerarmos o cinema como uma forma de arte – o que realmente é –, podemos pensar em pelo menos dois elementos que o formaram: os equipamentos e sua forma de se expressar, ou seja, sua linguagem.

Importante!

Os equipamentos oferecem a forma de captação das imagens e, consequentemente, as diferentes possibilidades de linguagem que o cinema pode oferecer.

Os méritos oferecidos por cada um desses dois elementos são igualmente grandiosos, pois um não poderia viver sem o outro. De um lado, o desenvolvimento dos equipamentos, da câmera, do filme, da revelação e da projeção das imagens; de outro, a maneira como essas imagens são filmadas e depois montadas ou editadas para poder dar vida à história imaginada.

A forma como a linguagem se desenvolveu inicialmente nos é mostrada de diversas maneiras, tentativas de se encontrar um caminho para mostrar aquilo que é capturado pela lente e transformado pela edição.

Neste traçado, também podemos destacar duas personagens principais, embora muitas outras tenham feito parte e contribuído para que tenhamos hoje consolidada a arte cinematográfica como ela é. Vale ressaltar que a linguagem cinematográfica está em constante mudança, assim como as outras formas artísticas. O cinema mostrou e mostra os muitos movimentos que surgiram durante sua jornada até os dias de hoje e com certeza continuará apresentando muitas outras linguagens e movimentos.

Se o caminho do desenvolvimento dos equipamentos e a construção e invenção da câmera cinematográfica teve Thomas Edison e, principalmente, os irmãos Lumière como protagonistas, a forma e a magia com que esses equipamentos foram utilizados se devem, em grande parte, a Georges Méliès.

Vamos entender melhor essa questão.

Em 1895, os irmãos Lumière haviam inventado a técnica cinematográfica, ou seja, a maneira como filmar, utilizar os filmes, revelar e projetar, mas a linguagem era bastante restrita.

Sem nenhum desmerecimento, os filmes produzidos pela família Lumière eram baseados quase que exclusivamente em enquadramentos fotográficos e registros do cotidiano, afinal, suas referências eram a pintura e a fotografia. Segundo alguns especialistas na história do cinema, é pouco provável que os irmãos Lumière tenham convivido com alguns dos grandes mestres do impressionismo da época. Mas é possível encontrar traços dessa influência em seus registros, como explica Correia (2015).

Por fim, relacionando o cinema dos Lumière com a pintura impressionista, vemos fortes vestígios do estudo que fizeram em relação à evolução da luz sobre o objeto, à pintura direta sem retoques, o que, no caso do cinema, representa a abordagem documental do motivo tal qual é ou acontece. Temos o registro de cenas banais, já que o importante é a técnica – e não o assunto – e a forte necessidade de se cristalizar para a eternidade a cena cotidiana.

No fundo, por terem trabalhado a vida inteira com fotografia, seus filmes eram uma espécie de fotografia com duração mais prolongada.

Mas, ao abordarmos os principais avanços no que diz respeito à linguagem cinematográfica, podemos entender claramente que eles se devem ao talento de Georges Méliès – e a história mostra que isso aconteceu por acaso. Méliès estava presente na sessão feita pelos irmãos Lumière em 28 de dezembro de 1895. Na ocasião, a apresentação dessa nova tecnologia o inspirou de modo surpreendente.

Georges Méliès nasceu em uma família de empresários do ramo de sapatos, mas sua vocação sempre esteve na área artística. Estudou desenho, escultura, pintura e manipulação de bonecos e marionetes. Na época em que assistiu à primeira sessão de cinema, Méliès já era dono de um teatro e fazia shows de ilusionismo.

Talvez por isso, diferentemente dos irmãos Lumière, ele via o cinema como um instrumento para fazer mágicas, capaz de entreter o espectador do mesmo modo que um espetáculo teatral ou circense. O resultado foi gigantesco. Enquanto os Lumière mostravam aos espectadores o desembarque de uma viagem de trem, Méliès foi capaz de levá-los a uma viagem à lua.

Figura 1.10 – Cena de *Viagem à Lua*

VIAGEM à Lua. Direção: George Méliès. França: 1902. 14 min.

Para conceber seu mundo fantástico, Méliès tornou-se proprietário de um estúdio de cinema, feito completamente de vidro para aproveitar ao máximo a luz solar. Ele dispunha de toda a infraestrutura necessária para colocar suas ideias em prática: camarins, sala de maquiagem e equipes para construir cenários e figurinos.

Seus filmes trouxeram grandes avanços técnicos e narrativos para o cinema. Já em 1896, ele começou a exercitar as primeiras características que marcariam seu estilo: os efeitos especiais, o absurdo e a fantasia.

Preste atenção!

Enquanto os irmãos Lumière se empenhavam em tentar mostrar o mundo tal como ele era, Méliès usava o celuloide para apresentar mundos, seres e situações irreais e fantasmagóricos.

Além disso, no setor de montagem, Méliès introduziu o corte (momento em que a câmera para de filmar uma cena para filmar outra). Assim, as histórias passaram a ser contadas por meio da concatenação de cenas.

Outro efeito especial marcante na obra de Méliès é a sobreposição. Ela é feita da seguinte forma: filma-se uma imagem em um fundo totalmente preto, porque o preto não é revelado na película. Depois, a câmera é rebobinada e uma nova imagem é filmada, mas dessa vez com a imagem anterior como fundo. Desse modo, podemos incrustar uma imagem na outra e fazer cenas inimagináveis, como a do filme *O homem orquestra*, de 1900, que pode ser vista na Figura 1.11.

Figura 1.11 – Cena de *O homem orquestra*

O HOMEM orquestra. Direção: George Méliès. França: 1900. 2 min.

O primeiro filme dos irmãos Lumière modificou a vida de um jovem e talentoso ilusionista, pois os olhos de Georges Méliès viram o futuro do cinema naquela sala de projeção. Ele saiu daquela sessão com uma ideia fixa, típica de todo grande artista.

Méliès resolveu produzir sua própria câmera e seguiu gravando tudo o que encontrava pela frente. Foi quando, em um desses momentos, o acaso lhe pregou uma peça: em uma das filmagens, a câmera travou, fazendo com que ele levasse algum tempo para consertar o problema e voltar a filmar. Na hora de assistir, porém, Méliès descobriu uma mágica no vídeo: uma pessoa havia sumido da filmagem, mas, de repente ela aparecia novamente.

Foi a descoberta do que ele chamou de *stop-motion*, passando a utilizá-los em seus filmes, que tinham enredos cada vez mais fantásticos. E foi assim que nasceu o efeito especial no cinema.

Mas Méliès não se satisfez apenas com um efeito visual, ele queria mais. Entre suas criações, podemos destacar o *fade*, efeito utilizado na transição de uma cena para outra ou na transformação de um objeto ou uma personagem. Temos, também a dupla exposição, que permite a adição e a manipulação de objetos e personagens em cena.

Méliès trouxe a magia para o mundo do cinema, provando que não há limites para um trabalho artístico, transformando sua profissão em dádiva. Sua obra é muito marcante, afinal, trata-se de uma produção artística realizada com muito talento, competência e dedicação.

Perguntas & respostas

O que foi o fenaquistiscópio e como era seu funcionamento?
O fenaquistiscópio foi inventado por Joseph Plateau em 1829. Esse equipamento dava ideia de movimento utilizando-se de imagens

estáticas. O processo consistia em colocar vários desenhos ou várias formas geométricas em uma placa circular. Esses desenhos deveriam conter uma sequência de imagens. Quando esse disco era girado sobre um espelho e sob uma fonte de luz, obtinha-se a impressão de que os desenhos estavam se movimentando.

Como funcionava a lanterna mágica?

Ela consistia em um instrumento que projetava, em uma tela, imagens pintadas em um suporte transparente projetadas com a ajuda de uma fonte de luz, como uma vela, por exemplo. Pode ser comparada a um projetor de *slides* ou a um projetor multimídia.

Síntese

Neste capitulo, você pôde conhecer como foram os períodos que antecederam a invenção do cinema, entendendo os principais inventos que influenciaram a construção das máquinas cinematográficas atuais. Tratamos, ainda, brevemente da história das principais personagens que compuseram a história do cinema e participaram diretamente da construção desse produto, ou seja, participaram da própria criação dessa arte.

Exercícios resolvidos

1. Determinar com exatidão quem inventou o cinema não é tarefa muito fácil. A história nos mostra que diversas personalidades contribuíram significativamente para a criação e o desenvolvimento dessa arte. Muitas tentativas foram feitas e muitas máquinas foram criadas até que se chegasse a um modelo que oferecesse algo muito próximo ao que temos hoje: a projeção de imagens para um grande número de pessoas. Quais foram as principais personalidades que tiveram papel preponderante na criação do cinema e como cada uma delas contribuiu para o desenvolvimento dessa arte?

Resposta: Auguste Marie Louis Nicholas Lumière e Louis Jean Lumière – ou, simplesmente, irmãos Lumière – tiveram atuação preponderante na história do cinema. Eles mesmos concluíram o desenvolvimento das máquinas e dos equipamentos, até a primeira exibição pública, bem próxima do que hoje vivenciamos e apreciamos em uma seção de cinema: uma sala escura, uma grande tela e pessoas simplesmente encantadas com o que está sendo exibido.

Os irmãos Lumière produziram aproximadamente 40 filmes no ano de 1896, sempre documentando o dia a dia da família e dos franceses, além de realizarem o que também foi considerado o primeiro telejornal, um registro da conferência da Sociedade Francesa de Fotografia. Com o aprimoramento das técnicas, eles começaram a enviar profissionais para diversos lugares do mundo, sempre com a tarefa de registrar cenas para serem exibidas em seus filmes.

Thomas Edison também teve papel preponderante em todo o processo de desenvolvimento e criação dos equipamentos que levaram à criação do cinema, principalmente com a criação do cinestoscópio (aparelho que mostrava as imagens em movimento para uma única pessoa), equipamento que chamou a atenção dos irmãos Lumière.

Se o caminho do desenvolvimento dos equipamentos e a construção e a invenção da câmera cinematográfica teve Thomas Edison e, principalmente, os irmãos Lumière como protagonistas, a forma e a magia com que esses equipamentos foram utilizados se devem, em grande parte, a Georges Méliès.

Méliès não se satisfez apenas com um efeito visual – ele queria mais. Entre suas criações, podemos destacar o *fade*, efeito utilizado na transição de uma cena para outra ou na transformação de um objeto ou uma personagem. Temos, também a dupla exposição, que permite a adição e a manipulação de objetos e personagens em cena.

Méliès trouxe a magia para o mundo do cinema, provando que não há limites para um trabalho artístico, transformando sua profissão em dádiva. Sua obra é marcante, afinal, trata-se de uma produção artística realizada com muito talento, competência e dedicação.

2. Muitas das descobertas de Méliès foram por acaso. Por exemplo, ele estava presente na sessão de 28 de dezembro de 1895 feita pelos irmãos Lumière, e a apresentação dessa nova tecnologia o inspirou de modo surpreendente. O que diferenciou o papel de Georges Méliès na construção e na criação do cinema?

Resposta: Os principais avanços da linguagem cinematográfica se devem ao talento de Georges Méliès. Ele via o cinema como um instrumento para fazer mágicas, capaz de entreter o espectador do mesmo modo que um espetáculo teatral ou circense. Enquanto os irmãos Lumière mostravam o desembarque de uma viagem de trem, Méliès foi capaz de levar o espectador a uma viagem à lua.

Além disso, ele contribuiu no setor de montagem com a introduziu do corte (momento em que a câmera para de filmar uma cena para filmar outra) e criou o efeito de sobreposição, assim as histórias passaram a ser contadas por meio da concatenação de cenas.

....

Questões para revisão

1. Em 1876, Eadweard Muybridge fez uma experiência importante para o avanço da técnica de filmagem. Que experiência foi essa?

2. O inventor Thomas Edson contribuiu para a evolução da projeção de filmes com dois inventos a partir do ano de 1891. Quais eram e o que faziam?

3. Releia o texto a seguir:

   "Estava, então, 'inventado' o cinema, com a realização de pequenos documentários, registros da vida cotidiana da fábrica e da família dos Lumière. Um dos primeiros filmes de que se tem ciência foi o *La sortie de l'usine Lumière à Lyon* (*A saída dos operários da fábrica Lumière*). Trata-se de um microdocumentário de 45 segundos que registrou a saída dos empregados da fábrica Lumière".

   Considerando o que foi estudado neste capítulo, quando e onde teria surgido a primeira projeção em público?
   a) Nos Estados Unidos, no ano de 1756.
   b) No Brasil, em 1925.
   c) Na França, em 1895.
   d) Na Alemanha, em 1925.
   e) Na Inglaterra, em 1915.

4. Como se chamava o primeiro projetor de que se tem notícia e quem o inventou?
   a) Chamava-se *cinematógrafo*, inventado pelos irmãos Lumière.
   b) Chamava-se *cinematoide*, inventado pelos irmãos Wright.

c) Chamava-se *cinemascope*, inventado pelos irmãos Julière.

d) Chamava-se *cinemanscope*, inventado pelos irmãos Wright.

5. Qual é o nome de um dos primeiros filmes exibido na história do cinema?

   a) *La llegada del tren al paraíso.*

   b) *The arrival of the train to the paradise.*

   c) *A chegada do trem ao paraíso.*

   d) *L'arrivée d'un train à La Ciotat.*

Capítulo 02

A linguagem cinematográfica

Conteúdos do capítulo:

- Linguagem cinematográfica.
- Principais componentes de determinados tipos de linguagem cinematográfica.
- Tipos de enquadramentos.
- Movimento de câmera.
- Etapas da produção.

Neste capítulo, analisaremos a linguagem cinematográfica, mostrando como identificá-la e produzi-la. Examinaremos os principais itens que compõem e caracterizam um determinado tipo de linguagem, suas peças e combinações. Também veremos a maneira de formar uma imagem cinematográfica por meio das diferentes formas de enquadramento e composição. Descreveremos os principais tipos de enquadramentos para que você possa identificá-los facilmente e, se necessário, reproduzi-los com precisão. Os movimentos de câmera, que também influenciam na linguagem cinematográfica, serão vistos e tratados também neste capítulo.

Para que tudo possa funcionar corretamente na produção de um filme, é preciso compreender quais são as etapas de produção, o que também será tratado aqui. Isso envolve a pesquisa, a criação do roteiro, a decupagem e tudo o mais que possa influenciar na construção da linguagem cinematográfica.

2.1
Linguagem

A linguagem é a maneira como alguém "conversa" com seu interlocutor. No caso do cinema, trata-se da forma como o filme faz uso dos recursos técnicos ou outros para se comunicar com seu público-alvo. É preciso que esse público crie uma identificação com o que está assistindo e, de uma forma ou de outra, possa executar a "ação" planejada ou mesmo ter a reação esperada, como o riso, o choro, entre outras.

Importante!

Linguagem não é apenas a maneira como escrevemos ou falamos. Ela envolve todos os recursos que usamos: desde a cor usada nas artes, a trilha sonora, o tipo de câmera e seus movimentos na hora da gravação, como os itens serão editados e finalizados e, até mesmo, o tempo de duração que o filme terá. Além disso, a linguagem precisa se identificar com o público-alvo.

Identificar a linguagem de uma obra com seu público-alvo não se trata de uma tarefa que pode ser resolvida de uma hora para a outra. É preciso adentrar em um processo de produção, no qual várias etapas são percorridas, existindo, para isso, muito estudo e planejamento. Tudo é feito para que o produto final possa ser considerado "terminado", ou seja, o filme esteja pronto e, o melhor de tudo, seja um sucesso!

Para que isso aconteça, é necessário que se conheça a fundo o público que assistirá ao filme, suas necessidades, sua maneira de agir e pensar, seus gostos e suas reações.

Muitas vezes, os meios para se chegar a esse resultado não são conhecidos com precisão no início da produção, mas eles vão sendo descobertos ao longo do processo de pesquisa que deveremos fazer para continuar com as próximas etapas.

2.2
Imagem

As imagens criadas – ou, mais precisamente, filmadas ou capturadas – não são apenas fruto de um "apontar e disparar" da câmera. Como dissemos, é preciso um planejamento com base nos estudos do perfil do público-alvo e também do que se quer transmitir com o conteúdo filmado.

A imagem cinematográfica não deixa de ser derivada da imagem estática, ou seja, da fotografia, pois um filme nada mais é do que uma sequência de imagens estáticas, de fotografias, de *frames* ou quadros.

Podemos, inclusive, ampliar esse pensamento, entendendo que as técnicas e a própria estética da imagem cinematográfica são oriundas da fotografia e que esta, por sua vez, é originária das pinturas, tendo surgido, consequentemente, dos desenhos.

Devido a essa proximidade entre as duas formas artísticas – fotografia e cinema –, vários conceitos nesta obra serão explicados por meio de exemplos fotográficos.

Importante!

Criar uma imagem cinematográfica implica utilizar todas as técnicas de produção, além de aplicá-las de acordo com a linguagem predeterminada.

É sempre preciso ter em mente que a linguagem é formada pelos planos, pelos movimentos que são feitos pela câmera, pelos enquadramentos, pelas composições, pela edição, pelas artes, pela trilha sonora, enfim, por todos os elementos que compõem o filme e que contarão uma história de uma determinada maneira.

Vamos, então, conhecer quais são esses elementos presentes na criação de um filme, assim como as etapas que os compõem.

2.3
Pesquisa

A pesquisa é a primeira etapa da produção de um filme e é nela que vamos determinar tudo o que deveremos fazer daqui para frente. É um processo de enorme importância, embora muita gente não dê o devido valor a ele.

Entre os itens importantes que são realizados nessa etapa, temos:

- determinar o tempo de duração do filme;
- buscar informações para compor o roteiro;
- estruturar as informações em uma linha cronológica (começo, meio e fim, por exemplo);
- avaliar qual o perfil do público-alvo;
- identificar a linguagem geral do filme;
- determinar a estrutura geral do filme.

2.4 Roteiro

Para Jean-Claude Carrière (citado por Rodrigues, 2007, p. 48), "o roteiro é a posição-chave na fabricação de um filme, pois é a partir dele que se decide o filme. Um bom roteirista é aquele que conhece a fundo a técnica cinematográfica, pois é preciso escrever coisas filmáveis, do contrário o roteiro não passa de um sonho impossível de um filme".Quando falamos de roteiros, logo pensamos em grandes produções, mas o fato é que, para fazermos qualquer produção cinematográfica, seja ela doméstica, seja pública, o certo é que nos guiemos por um roteiro.

Todas as possibilidades de um roteiro seguem um princípio básico: linguagem simplificada, pois o seu alvo principal é o público em geral. Em outras palavras, é preciso que a linguagem transmita eficientemente a mensagem.

Para Rodrigues (2007, p. 50), "um roteiro é uma história contada com imagens, expressas dramaticamente em uma estrutura definida, com início, meio e fim, não necessariamente nessa ordem".

Um bom roteiro deve se preocupar em sugerir uma decupagem, isto é, uma divisão das cenas, por meio da qual o diretor visualizará o roteiro em uma linguagem fílmica.

Preste atenção!

A ideia de *decupagem* significa decompor a ação em cenas visuais.

Rodrigues (2007, p. 50) conclui essa explicação: "se ao lermos um roteiro, tivermos dificuldade em visualizar a cena, certamente ele tem problemas. Um bom roteiro não é a única condição para o planejamento eficiente do tempo e do custo de filmagem, mas contribui para que o filme seja preparado de modo mais adequado".

Uma decupagem clássica (segmentação das cenas em planos e movimentos) oferece muito mais possibilidades emocionais, além de recursos para a narração. As sequências filmadas (de acordo com os procedimentos da câmera) serão cortadas e alinhadas (montadas na edição).

Importante!

Um roteiro oferece uma maneira de contar uma história de modo fílmico. Isso significa que o que fazemos com as palavras podemos fazer com movimentos.

Há várias técnicas para escrever um roteiro e, principalmente, vários tipos de formatação, o que pode, em determinadas situações, ajudar ou prejudicar o roteirista. É importante ressaltar que, na produção de um roteiro, várias informações devem ser inseridas e, para que isso seja possível, o tipo e a formatação do roteiro devem prever essas inserções. Como descrever uma cena sem definir se é dia ou noite, se é em uma locação interna (um estúdio) ou uma cena externa. Perceba que são informações que irão determinar uma série de ações técnicas, como formação de equipes, equipamentos e estrutura. Normalmente, a técnica de formatação preferida é a do *master scenes*, usada em todo o mundo.

De acordo com Moss (1998, p. 2, grifo do original), as vantagens dessa técnica incluem fatores como:

- são pouquíssimas regras.
- o leitor começa a ler o roteiro num campo visual que lhe é familiar, e não se dispersa levando de 5 a 10 páginas para se acostumar com um novo estilo individual.

- é a única maneira de facilmente se ter uma ideia do tamanho do filme (uma página em *Master Scenes* corresponde, em média, a 1 minuto de filme), que é fundamental tanto para o leitor quanto para o escritor terem uma ideia do ritmo.
- a adesão a essas regras força o roteirista a dedicar-se à trama do filme. Considerações sobre o ponto de vista da câmara e cortes de cena, quando não são absolutamente indispensáveis para a narrativa, só servem para distrair o autor da principal função dele: **contar uma história**.

Ainda assim, também segundo Moss (1998, p. 2), mesmo a técnica do *master scenes* apresenta problemas, afinal:

Se nos Estados Unidos a atenção dada à formatação é exagerada, aqui no Brasil reina uma atitude de "cada um por si". De certa forma, a padronização de roteiros restringe o escritor, primeiro porque este tem que aprender novas regras, e também porque a formatação padrão para roteiros de especulação – o chamado *Master Scenes* – priva o escritor de alguns recursos (como, por exemplo, ângulos de câmara, cortes de cenas etc.).

Também é bastante relevante compreendermos que o roteirista vai além do escritor. Enquanto o escritor escreve uma história com todo o realismo das personagens e locais, o roteirista deve traduzir tudo isso de forma que as pessoas possam visualizar as cenas enquanto leem.

Como já mencionamos anteriormente, um roteiro precisa ter começo, meio e fim. Além disso, ele deve atender aos seguintes pontos:

- **Ideia ou "o que"**: É sobre aquilo que o roteirista criará a história que deseja transmitir para o público.

- **Conflito ou "onde"**: Quando o roteirista tem uma ideia, esta deve ter um conflito para que o público se interesse pela história. Trata-se do centro de uma história, por meio do qual o roteirista segura a atenção do espectador.

- **Personagens ou "quem"**: São aqueles que vivem o conflito; os responsáveis por passar toda a emoção ao público.

- **Ação dramática ou "como"**: Quando o roteirista já tem a ideia, o conflito e as personagens, chega o momento de definir a maneira de desenrolar a história.

A soma dos elementos "ideia + conflito + personagens" é chamada de *plot principal*. Geralmente, um *plot* principal é orbitado por vários *plots* secundários. Muitas vezes, para não cansar o público, alguns roteiristas optam por substituir o *plot* principal por *plots* secundários, o que é muito visto em telenovelas, em que a situação principal da história começa a perder o interesse do público e o roteirista, então, cria situações para que outros *plots* assumam a centralidade da história. Mas é claro que isso não acontece só nesse gênero de dramaturgia; muitos roteiristas também adotam esta técnica para deixar seus filmes mais interessantes.

Para Rodrigues (2007, p. 42, grifo do original), durante a criação de um roteiro, o roteirista deve desenvolver:

Story line – Ideia sucinta do roteiro, com cerca de cinco linhas.

Sinopse – É uma breve ideia geral da história e de seus personagens, normalmente não ultrapassando uma ou duas páginas.

Argumento – É o conjunto de ideias que formarão o roteiro. Com as ações definidas em sequências, com as locações, personagens e situações dramáticas com pouca narração e sem os diálogos. Normalmente entre 45 e 65 páginas.

Roteiro literário – Finalizado com as descrições necessárias e os diálogos. Este roteiro, sem indicações de planos, servirá como base para o orçamento inicial e os projetos de captação. Tem normalmente entre 90 e 120 páginas.

Roteiro técnico – Roteiro decupado pelo direto com indicações de planos, movimentos de câmera, e que servirá para o 1º assistente de direção fazer a análise técnica, o diretor de produção o orçamento final. Será o guia de trabalho da equipe técnica.

Para compreendermos ainda melhor o desenvolvimento de um roteiro, debruçaremos-nos agora sobre alguns de seus itens mais importantes.

∴ *Storyline*

A *storyline* é uma forma sucinta e objetiva de contarmos a história. Nela devem ser apresentados o conflito, seu desenvolvimento e sua solução. A maioria dos roteiristas é da opinião de que ela não deve passar de dez linhas.

Exemplo de *storyline*:

> Jovem não se conforma de seu filho ter nascido com deficiência mental e, no hospital, troca a criança por outra. Quinze anos depois, seu marido tem câncer no sangue (leucemia) e a esperança dos médicos é poder curá-lo se o menino doar um pedaço da medula para o pai. Só a mãe sabe que ele foi trocado e, então, vive um drama: ou conta a verdade e é presa ou não autoriza a doação e o marido morre.

Importante!

Quando vamos apresentar um roteiro a uma pessoa, a uma produtora ou a qualquer que seja o meio que vamos usar para que ele se torne fílmico, o apresentamos por meio da *storyline*.

∴ Sinopse

A sinopse, também chamada de *argumento*, nada mais é que o desenvolvimento da *storyline*. Diferentemente desta, que economiza palavras para que a história não fique muito extensa, a sinopse é uma forma de apresentá-la como um livro. É uma maneira de esgotar literalmente a ideia, apresentando o conflito e definindo o perfil das personagens.

∴ Perfil das personagens

Quando o perfil das personagens é bem elaborado, torna-se fácil a construção de diálogos e o desenvolvimento da história. Na criação de cada personagem, é possível incluir história pessoal, modo de se vestir, comportamento, antecedentes pessoais e até traços físicos.

Quanto mais detalhada e precisa for a caracterização, mais força vital terá a personagem na história. Ela terá uma "trajetória individual" mais emocional e, com isso, desenvolverá uma "vida própria". Muitas vezes, o comportamento da personagem cria ação na história; por isso, é bom unir comportamento e ação.

∴ Formatação do roteiro

O roteiro é dividido em cenas que contêm:

- descrição do ambiente e da ação;
- nome dos ambientes e das personagens;
- diálogos e indicações para as personagens;
- indicação de efeito para transições.

O formato aqui apresentado é o *master scene*. Evidentemente, esse formato pode ser adaptado para determinados roteiros, mas há alguns detalhes que devem ser obedecidos. Por exemplo, o tipo de folha usado é o A4 e todas as folhas devem ser numeradas. Embora não seja uma regra, cada folha equivale a mais ou menos um minuto de gravação. A proporção é mais ou menos esta:

- 100 minutos equivalem a mais ou menos 120 folhas;
- 15 minutos equivalem a mais ou menos 20 folhas;
- 10 minutos equivalem a mais ou menos 15 folhas;
- 5 minutos equivalem a mais ou menos 8 folhas.

Com relação às margens, obedecendo às distâncias mínimas, um padrão estabelecido é:

- margem superior: 2,5 cm;
- margem inferior: 3,0 cm;
- margem direita: 2,0 cm;
- margem esquerda: 2,0 cm.

O roteiro pode começar com *fade in* (expressão americana que significa o surgimento gradual da imagem). Algumas cenas também podem começar com *fade in* e algumas podem terminar com *fade out* (esmaecimento da imagem) ou corta (quando se quer que a próxima cena entre com corte seco).

Cada informação tem o seu local específico:

- O **cabeçalho** da cena informa:
    - o número da cena;
    - onde ela se passa;
    - a luz ambiente (interior ou exterior, noite ou dia).
- Logo abaixo, vem a **descrição do ambiente e da ação** que está ocorrendo;
- Centralizado abaixo da descrição, temos o **nome da personagem**;
- Abaixo do nome da personagem temos as indicações sobre a ação dela (essas indicações recebem o nome de *rubrica*), quando houver necessidade;

- Abaixo da rubrica ou do nome da personagem, temos a fala;
- Abaixo da fala pode haver outra descrição de ação;
- Acaba-se a cena com o efeito de transição para a outra cena.

A seguir, na Figura 2.1, temos um modelo para escrever cenas nesse formato. Na sequência, a Figura 2.2 nos mostra uma cena preenchida.

Figura 2.1 – Modelo para elaboração de um roteiro

FADE IN

    CENA XX (ambiente/locação) – (luz do ambiente)

    (Descrição do ambiente)

    (Descrição da ação)

    (Nome da personagem)

    (Rubrica)

    (Fala)

    (Descrição da ação)

    (Efeito de transição)

Figura 2.2 - Exemplo de roteiro de uma cena

> *FADE IN*
>
> CENA 15 – CASA DE JOÃO/ SALA – INT. – DIA
>
> (A sala é pequena e tem poucos móveis, um sofá velho e uma televisão preto e branco)
>
> (João está sentado no sofá tentando ligar a televisão. Maria entra e vai direto para a frente da televisão)
>
> MARIA
>
> (Chorando)
>
> — Perdi o emprego!!!
>
> JOÃO
>
> (Assustado)
>
> — E agora??? Meu Deus!!!!!
>
> (João levanta-se e vai abraçar Maria)
>
> (Corta para)

Esse á apenas um exemplo de roteiro básico, mas que nos permite identificar vários detalhes que irão compor a cena.

∴ Dicas de escrita do roteiro

Para finalizar nossos apontamentos sobre o roteiro, podemos sugerir algumas dicas que nos auxiliarão em seu desenvolvimento. São elas:

- Leia em voz alta o que você escreveu. Como regra geral, devemos sempre ler a nossa cópia em voz alta, escutando como ela fica quando falada. É melhor ainda pedir a outra pessoa que leia o roteiro. Quando escrevemos um roteiro, devemos sempre ter em mente que ele é para ser ouvido, e não para ser visto na página. Embora o vídeo seja uma mídia visual, todos os diálogos devem ser escritos para o ouvido, não para o olho.

- Busque um tom informal. Usar palavras mais simples e mais comumente utilizadas no dia a dia. Por exemplo: "os índios pegaram o macaco" parece mais natural do que "os silvícolas caçaram um primata". Isso não quer dizer que devemos usar gíria ou expressões coloquiais para todos os roteiros, mas sim que devemos evitar um estilo extremamente formal de redação. Devemos utilizar uma linguagem solta, que chame a atenção para a informação visual.

- A melhor maneira de entender o roteiro é tendo em mente que tudo que for escrito nele será traduzido em sons e imagens. Alguns roteiros incluem diálogos palavra por palavra, *takes* de câmera específicos e instruções básicas para a rotina de produção. As palavras do roteiro são transformadas em ações pelos atores e pela equipe de produção. Roteiros são estruturas flexíveis em torno das quais o time de produção trabalha para construir a dimensão do vídeo.

- É importante equilibrar palavras e imagens para que a comunicação com o público seja clara e deixar que cada indivíduo participe da criação do significado da obra. Um erro comum de escritores novatos é escrever um roteiro que inclui recursos que não estão disponíveis. No entanto, escritores experientes muitas vezes superam limitações aparentemente impossíveis de serem contornadas por meio do uso engenhoso de técnicas de produção disponíveis.

- Use a linguagem certa para o público. Produções mais especializadas de vídeo devem considerar uma linguagem mais sofisticada e um tom menos leve e solto para efetivamente se comunicar e passar um conteúdo mais complexo para o público. Quando for possível, devemos conhecer o nosso público-alvo e escrever tendo ele em mente. Obviamente que o estilo, o tom e a complexidade do roteiro para um programa infantil serão diferentes daqueles usados para uma série policial dirigida ao público adulto.

- Escreva de forma compacta. Não existe uma regra ou um padrão sobre quão longas as sentenças devem ser. Apenas devemos nos lembrar de que a pessoa que lê o nosso roteiro tem de respirar enquanto lê. Por isso, devemos ser concisos: não devemos colocar fatos, nomes ou ideias além do necessário em algumas sentenças. Ou seja, devemos manter as frases simples, diretas e sem enrolação.

- Uma estrutura de sentença complexa é difícil de ser executada efetivamente pelo elenco, além de ser de difícil entendimento para os espectadores. Nas sentenças simples, o sujeito vem antes do verbo. Por exemplo: "o lateral correu todo o campo em 15 segundos"; essa estrutura permite ao público primeiro visualizar um homem, depois vê-lo correndo e, por último, vê-lo atravessando o campo em 15 segundos. Já uma versão mais complexa dessa sentença poderia ser: "um tempo de 15 segundos foi registrado para o lateral na sua corrida pelo campo". É muito mais difícil de visualizar, pois o homem não "aparece" até a metade da sentença e temos, então, que "voltar" na memória para achar a informação sobre ele.

- Escreva de forma que seja fácil entender. Escritor e diretor devem tratar com cuidado as técnicas que envolvem a manipulação da passagem de tempo para não confundir totalmente o público. Para aumentar o fluxo e o entendimento, devemos utilizar transições ao mudar de um conceito ou enredo para outro. Técnicas de roteirização, como "cenas de futuro", "cenas de passado" e ações paralelas, requerem uma estruturação cuidadosa para serem efetivas. À medida que visualizamos o roteiro, devemos ter em mente a possibilidade de haver limitações técnicas e estéticas da produção. Afinal, o vídeo é uma mídia visual, e o escritor deve estar tão confortável para trabalhar com imagens quanto com palavras.

- Use pausas visuais, pois elas podem aliviar a monotonia, dar pontos de transição, aumentar o drama, reforçar pontos e deixar o espectador relaxar mentalmente por alguns momentos.
- Pergunte-se quanto da sua redação pode ser substituída por imagens que passam as mesmas mensagens visualmente. A informação falada, quando necessário, pode ser repetida visualmente.
- Comece imaginando como a história ficaria antes de o som ser adicionado.
- Pergunte-se se as imagens estão dizendo o máximo possível sobre a história.

Preste atenção!

Imagens gráficas também podem criar maior variedade visual. Devemos utilizar gráficos, desenhos, mapas GCs (textos escritos na tela) para reforçar o texto falado.

2.5
Objetivo da cena

Toda cena tem um motivo, um objetivo, traduzido em imagens pelo cinegrafista. O assunto escolhido deve ser observado e preservado durante toda a cena gravada. Veja um exemplo a seguir:

Você quer filmar uma cena de um casamento. Todo o cenário é preparado e os atores estão a postos. A cena transcorre durante a cerimônia religiosa e a filmagem está sendo focada nos noivos. Detalhes do ambiente, das roupas dos convidados e da decoração são itens que compõem o assunto principal: o casamento. Esses detalhes devem ser apresentados apenas de forma secundária, a fim de compor a linguagem, e não tomar um lugar maior e mais prolongado do que os "artistas principais". As imagens não devem desviar a atenção de quem estará assistindo, pois, assim, os noivos – objetivo principal da cena – não serão notados ou percebidos.

Uma boa cena não deve conter mais do que um tema por vez.

Importante!

É essencial planejar cuidadosamente cada cena de filmagem, treinar os movimentos de câmera, realizá-los várias vezes antes de começar a filmar, ter sempre a edição das imagens no planejamento de produção.

2.6
Enquadramentos

A posição do objeto dentro da tela é chamada de *enquadramento*. É muito desagradável para um espectador olhar para uma imagem mal composta, com um enquadramento ruim, no qual o objeto principal desaparece do filme, aparece de vez em quando ou mesmo se confunde com outros elementos do ambiente. É um problema que acontece por pura falta de experiência.

Uma dica para resolvê-lo é a utilização da regra dos terços. Trata-se uma prática comum em fotografia que é perfeitamente aproveitada para o cinema. Antes de conhecermos os principais tipos de enquadramentos, vamos saber o que é a regra dos terços.

Basicamente, a regra dos terços consiste em dividir mentalmente o visor da câmera em nove partes iguais, traçando duas linhas horizontais e duas linhas verticais, como na Figura 2.3.

Figura 2.3 – Regra dos terços

Dependendo da cena a ser captada, o centro da tela pode não ser o lugar mais apropriado fotograficamente para posicionar o assunto principal. Ele pode ser posicionado sobre a interseção das linhas, ocupando assim 1/3 ou 2/3 da tela. A colocação em um desses pontos vai depender do assunto e de como ele deve ser apresentado. Por exemplo, os olhos de uma personagem devem ficar na linha superior. O mesmo pode ser feito em relação ao horizonte da cena.

Um outro exemplo: uma cena que mostra o mar. A tela deve mostrar a água e o céu ao mesmo tempo, e a linha do horizonte dividirá a cena em duas partes. A harmonia e o equilíbrio da imagem dependerão da intenção ou do destaque que se desejará dar à cena. Se você quer destacar o céu, então a linha do horizonte deve ficar sobre a linha inferior, dando mais espaço, em seu enquadramento, para o céu. Se a intenção é dar destaque ao mar, então a sugestão é posicionar a linha do horizonte na linha superior.

Essas são apenas algumas sugestões para criarmos uma cena fotograficamente mais harmoniosa, afinal, vão existir situações em que sua sensibilidade preferirá outros enquadramentos.

A regra dos terços também pode ser utilizada quando houver mais de um objeto em cena. A Figura 2.4 serve como exemplo.

Figura 2.4 – Aplicação da regra dos terços

Sílvio Gabriel Spannenberg

O coelho está alinhado à interseção entre a linha vertical esquerda e a horizontal inferior. A calçada ocupa o espaço entre as duas linhas horizontais. Perceba também que os arbustos estão distribuídos conforme a divisão das linhas.

Em relação ao enquadramento, o cenário que serve de fundo ao objeto principal da gravação pode ser um grande problema. O mais adequado é trabalhar com fundos neutros, sem objetos em movimento ou qualquer outra atividade que possa desviar a atenção de quem assiste, a não ser, é lógico, que esse efeito seja proposital.

Um bom exemplo disso é um *close* de uma pessoa dando uma entrevista e, ao fundo, crianças brincando ou alguma outra atividade mais movimentada. Para evitar isso, basta uma mudança de ângulo de gravação, alterando o lugar da câmera ou mesmo sua altura.

Preste atenção!

Deve-se ter cuidado com os objetos ao fundo, mesmo quando eles estiverem fora de foco. Muitas vezes algo fora de foco em movimento chama bastante a atenção. Se for preciso, é possível enquadrar o objeto ao fundo e usar a regra dos terços.

2.7
Composição

A composição pode ser definida como a organização de elementos em um enquadramento. Sua divisão é feita em primeiro, segundo e terceiro planos (de acordo com a linguagem) e fundo. A essa combinação de planos, acrescenta-se a iluminação, as cores da cena e as formas, tudo para criar uma imagem harmônica e agradável.

A composição é a responsável pelo entendimento da cena e deve fazer algum sentido para o espectador. Esse sentido proposto é tratado justamente na linguagem.

Podemos controlar esses elementos por meio da colocação adequada da câmera, da seleção da distância focal, da iluminação ou mesmo com do arranjo de objetos e pessoas na cena. A seguir, veremos alguns exemplos.

∴ Perspectiva e profundidade

Se analisarmos uma imagem levando em consideração a perspectiva do olhar, isto é, a posição na qual o fotógrafo ou cinegrafista está posicionado e, consequentemente, a perspectiva que a própria imagem nos oferece por esse olhar, podemos criar composições diferentes, com ênfase em vários pontos da cena.

Ao olharmos as duas imagens a seguir, por exemplo, podemos perceber claramente a posição do fotógrafo ou cinegrafista e, assim, entendemos o que ele quer transmitir com a imagem.

Figura 2.5 – Perspectiva e profundidade 1

Tappasan Phurisamrit/Shutterstock

Figura 2.6 – Perspectiva e profundidade 2

Como pode ser percebido, a perspectiva dá impressão de profundidade à cena, nos levando a ter uma ideia da distância que separa o espectador dos elementos da composição.

∴ Linhas, luz e contraste

Sejam curvas ou retas, sejam transversais ou paralelas, as linhas direcionam o olhar de quem observa uma composição fotográfica. Mas a composição fotográfica também comporta a incidência da luz. Assim, a luz que ilumina uma cena pode ser utilizada de diferentes maneiras. Quando temos uma cena com cores marcantes e contrastantes (como na Figura 2.7), temos a possibilidade de ressaltar elementos, pontos de vista, objetos que poderiam passar despercebidos, mas que conforme a luz e o contraste, tornam-se visíveis e passam a ter um papel preponderante na cena.

Figura 2.7 – Linhas, luz e contraste

Fesus Robert/Shutterstock

A luz influencia diretamente na composição de uma imagem, de uma cena. Ela pode criar contrastes, dar profundidade e perspectiva. Veja a Figura 2.8.

Figura 2.8 – Composição e luz

andreiuc88/Shutterstock

Na Figura 2.8, podemos notar o contraste no percurso que a estrada desenvolve, oferecendo a percepção da distância em que a pessoa se encontra dentro da paisagem. O fundo mais claro que o primeiro plano faz com que possamos distinguir as distâncias.

∴ Posicionamento de câmera: profundidade e perspectiva

A posição na qual o fotógrafo ou cinegrafista decide estar é uma escolha que ele faz, e essa escolha se torna uma ação quase natural com o decorrer da experiência. Exatamente o que ele visualizar poderá ser o que o seu público também visualizará. Essa decisão a ser tomada deve levar em conta o que ele (fotógrafo ou cinegrafista) quer transmitir.

Vamos utilizar a Figura 2.9 como exemplo. Nela, o fotógrafo se posiciona em diagonal à linha formada pelas bailarinas. Note que, com isso, fica bem evidente a distância entre elas e seus movimentos.

Figura 2.9 – Profundidade e perspectiva conforme o posicionamento da câmera

Everyonephoto Studio/Shutterstock

∴ **Linhas**

As linhas de uma cena servem para nos orientar, assim como para orientar a visão do espectador, direcionar seu olhar, provocando reações esperadas pela linguagem empregada. Elas estão presentes em várias composições, ora muito visíveis, ora mais discretas, e sua utilização ajuda a enriquecer a cena.

Na Figura 2.10, o trilho do trem nos oferece linhas paralelas que se encaminham para o fundo da cena. Isso cria a perspectiva e nos oferece toda a profundidade que essa cena pode ter.

Figura 2.10 – Linhas

karin claus/Shutterstock

2.8
Tomadas e planos

Contar uma história por meio de tomadas e planos é o coração da arte cinematográfica. Embora o público receba uma grande parte de informações por meio dos diálogos, a essência do cinema é a sua capacidade de colocar imagens no cérebro do espectador, quase como fazem os sonhos.

Importante!

As imagens, não os diálogos, devem transmitir a história. Por isso, devemos planejar as tomadas (também chamadas de *planos de tomadas* ou simplesmente *planos*) para que o público leia nossa história por meio das imagens.

As tomadas podem ser classificadas de muitas maneiras diferentes, dependendo de sua função no processo de narrativa visual. A primeira variável na classificação de tomadas é o tamanho aparente em que apresentamos a cena. Ou seja, o que será mostrado em função do tipo de enquadramento que será executado.

Na sequência, vamos conhecer os principais deles.

∴ *Close-up*

A tomada de *close-up* geralmente enquadra a cabeça e os ombros do ator, enfatizando suas expressões faciais. É utilizada em muitas situações quando se quer evidenciar emoções e expressões importantes para o desenvolvimento da história. Normalmente a denominação *close-up* é utilizada para o enquadramento de rostos, embora também possa ser aplicado a objetos. Mas o mais usual quando se enquadram objetos muito próximos é o denominado *plano detalhe*, que veremos mais a frente. A Figura 2.11 mostra um exemplo de tomada em *close-up*.

Figura 2.11 – *Close-up*

Cookie Studio/Shutterstock

∴ **Super** *close-up*

É uma variação do *close-up*. A imagem (no caso, um rosto) não aparece em sua totalidade, mas sim detalhes importantes determinados pela linguagem da cena. Pode ser utilizado em várias situações, como para evidenciar as lágrimas do personagem ou mesmo para criar um ar de suspense.

Figura 2.12 – Super *close-up*

SerdyukPhotography/Shutterstock

∴ **Detalhe**

Não existe um limite muito definido para o plano de detalhe. Pode-se enquadrar partes de uma pessoa ou de um objeto. O detalhe é bastante utilizado quando se quer chamar a atenção para um ponto específico da cena, como nos *inserts*, por exemplo.

Inserts são planos explicativos que podem ser aplicados quando queremos evidenciar algum objeto ou alguma parte específica de uma personagem. Por exemplo, em uma cena com uma personagem tomando café em uma farta mesa de doces e tortas, se quisermos destacar uma dessas tortas especificamente, adicionamos um *insert* na sequência da edição, reforçando a presença desse objeto e sua importância no contexto da história ou da cena.

É o que acontece com a imagem das mãos na Figura 2.13. Ela recebe toda a atenção na cena.

Figura 2.13 – Plano detalhe das mãos sobre o teclado

sixninepixels/Shutterstock

∴ **Plano fechado (PF)**

O plano fechado, também conhecido como *primeiro plano* (PP), enquadra o personagem na altura dos ombros. O cenário praticamente não aparece e a expressão facial tem um peso determinante. O plano fechado pode ser utilizado para ressaltar a expressão de um ator em determinadas cenas ou até mesmo para reforçar alguma marca ou detalhe específico da personagem.

Figura 2.14 – Plano fechado

∴ **Plano médio (PM)**

No *plano médio*, como o próprio nome diz, nada é mostrado por completo. As pessoas aparecem cortadas da cintura para cima e os objetos aparecem apenas parcialmente. O local ou o cenário já não têm tanta importância, assumindo um valor apenas indicativo. É bastante utilizada na gravação de diálogos, pois temos uma boa percepção das expressões presentes nos rostos. Também é possível enquadrar mais de uma pessoa.

Figura 2.15 – Plano médio

∴ **Plano americano (PA)**

O plano americano (PA) mostra as personagens um pouco acima do joelho. Existem variações desse tipo de plano, podendo ser um pouco mais fechado, chegando próximo do plano médio.

Esse tipo de tomada geralmente é escolhido quando se deseja mostrar o movimento da parte superior do corpo, além de ser muito utilizado quando duas pessoas estão conversando.

Curiosidade

O nome *plano americano* foi dado em homenagem aos filmes de caubói, para mostrar os atores na hora em que sacavam as suas armas.

Figura 2.16 – Plano americano 1

Figura 2.17 – Plano americano 2

Jacob Lund/Shutterstock

∴ Plano geral (PG)

O plano geral (PG) é muitas vezes usado para localizar o espectador na ação. Além de mostrar as pessoas, ele mostra também todo o ambiente em que se desenrola a ação, muitas vezes dando maior ênfase ao ambiente do que aos componentes (pessoas).

Figura 2.18 – Plano geral

Mitya Sidor/Shutterstock

∴ **Plano conjunto (PC)**

O plano conjunto, na verdade, pode ser composto de diversas maneiras. Ele enquadra a área em que geralmente se desenvolvem as ações, ou seja, o cenário ainda se impõe, só que agora todos os elementos são mais definidos.

O plano conjunto pode ser feito na frente de uma casa, dentro de um escritório ou de uma fábrica ou em uma praia, ou seja, o local é um complemento da cena, podendo o elemento humano estar ou não presente.

Figura 2.19 – Plano conjunto

∴ Ângulos – câmera baixa ou alta (planos superior ou inferior)

Independentemente do plano que estiver sendo feito, a altura em que a câmera gravará é de grande importância para a linguagem que se quer empregar ao vídeo.

A gravação com a câmera em uma altura acima das pessoas pode denotar uma linguagem em que as pessoas são colocadas em situação de inferioridade, por exemplo, uma vez que elas aparentarão ser menores do que realmente são. O inverso também pode ser utilizado, ou seja, a câmera em uma altura abaixo da altura das pessoas dará a impressão de que elas são maiores do que realmente são. Esse tipo de gravação deve ser utilizado com cuidado, pois os resultados podem ser bastante expressivos. Veja os exemplos das Figuras 2.20 e 2.21.

Figura 2.20 – Câmera alta

Dean Drobot/Shutterstock

Figura 2.21 – Câmera baixa

Andrey Yurlov/Shutterstock

2.9
Movimentos de câmera

Os movimentos da câmera participam da linguagem cinematográfica da mesma maneira que os planos, as tomadas, os enquadramentos, as composições e a iluminação. Com a movimentação da câmera ou de todo o seu conjunto (tripé e demais acessórios), é possível transmitir outras mensagens, aproximando ou afastando a cena e as personagens (*zoom*), percorrendo os cenários (*travelling*) ou subindo e descendo de elevações ou subterrâneos (grua, *tilt*).

Eles estão diretamente ligados à linguagem que se deseja aplicar ao filme ou até mesmo a uma necessidade de abordar o tema de uma maneira específica.

É importante lembrar que todo e qualquer movimento de câmera deve ser feito com preparação, cuidado e técnica apropriados, além de, em determinadas situações, utilizarem-se outros equipamentos, como as gruas.

Os movimentos de câmera têm algumas variáveis que, somadas às tomadas, podem criar inúmeros outros planos. Eles podem ser complexos, envolvendo muitos movimentos diferentes e mudanças de velocidade e direção na mesma tomada, como também podem ser mais simples, resultado de um deslocamento suave. Vamos conhecê-los.

∴ Panorâmica

O primeiro movimento de câmera é a panorâmica, também chamado de *PAN*. É muito utilizado nas mais diferentes situações, seja para mostrar um ambiente, seja para descrever um caminho ou uma paisagem. A câmera é fixada em um tripé ou em cima do ombro e gira de um lado para o outro (da esquerda para a direita ou vice-versa) no mesmo nível. Normalmente, usamos uma panorâmica para mostrar uma paisagem ou um ambiente.

O movimento da panorâmica pode ter diversas velocidades, mas deve ser sempre contínuo, do início ao fim, tendo sempre começo, meio e fim.

Figura 2.22 – Panorâmica ou PAN

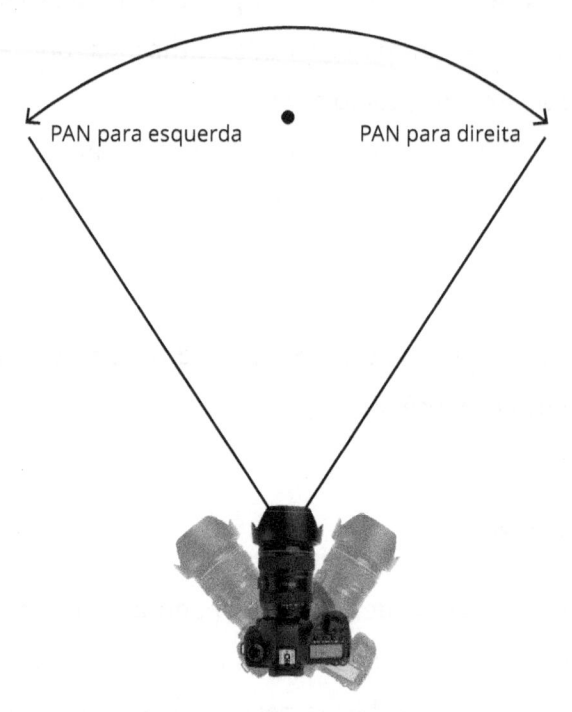

∴ Zoom

O *zoom* é um movimento de lente que, pelo efeito que produz, acaba sendo considerado também um movimento de câmera. Quando o usamos, a câmera não se move realmente, mas há uma sensação de movimento. O *zoom* é o ajuste de lentes que muda a ótica da configuração da imagem: durante o movimento, ela sai de uma grande angular para uma telefoto e vice-versa. Quando aproximamos uma imagem, chamamos de *zoom in*; já quando afastamos a imagem, chamamos de *zoom out*.

Figura 2.23 – *Zoom*

∴ Tilt

Inclinação, panorâmica vertical ou *tilt* é um movimento no qual a câmera é fixada em um tripé e inclina-se para baixo e para cima ou vice-versa. Esse movimento pode ser utilizado, por exemplo, para mostrar a altura de um prédio, um animal saltando de cima de uma árvore para o chão etc.

Figura 2.24 – *Tilt*

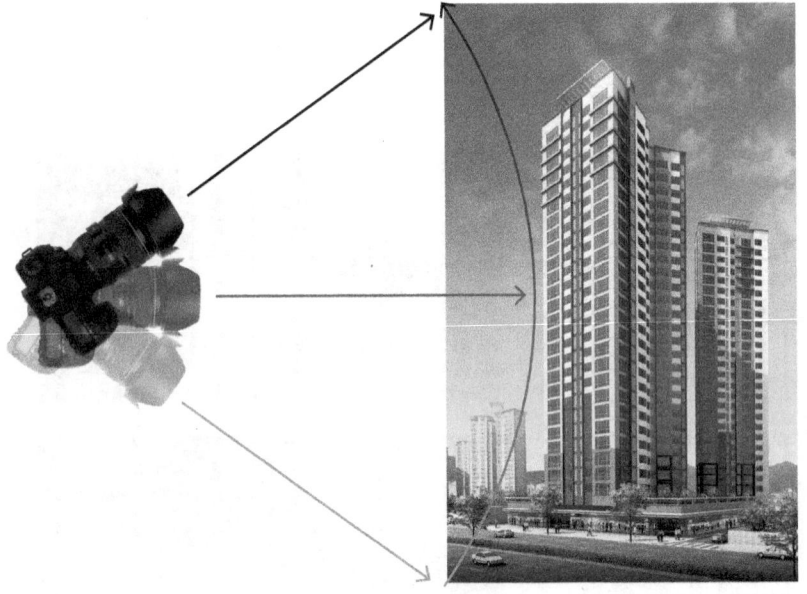

∴ Travelling

O *travelling* é um movimento no qual a câmera se desloca horizontalmente sobre um eixo móvel, podendo ser um carrinho sobre trilhos, um carro, uma motocicleta ou qualquer outro equipamento que permita esse movimento. Ele é muito utilizado para movimentar a câmera no mesmo sentido em que a cena acontece, como quando uma personagem está correndo e é necessário acompanhá-la durante determinado trajeto.

Muitas vezes, o *travelling* é montado sobre trilhos ou mangueiras. O uso de mangueira mostra-se mais prático por ter um custo mais baixo.

∴ Grua

O nome desse movimento de câmera é o mesmo do equipamento utilizado para realizá-lo. A *grua* consiste em uma grande haste (tamanho variado de 3 a 15/20 metros), na qual em uma extremidade é fixada uma câmera e na extremidade oposta são colocados contrapesos (anilhas) para equilibrar uma lança. O suporte em que é apoiada a lança pode ser um tripé adaptado. O movimento que esse equipamento produz é principalmente o vertical, mas, dependendo de onde a grua estiver instalada (base móvel, por exemplo), esse movimento pode se combinar com o horizontal.

Figura 2.25 – *Travelling*

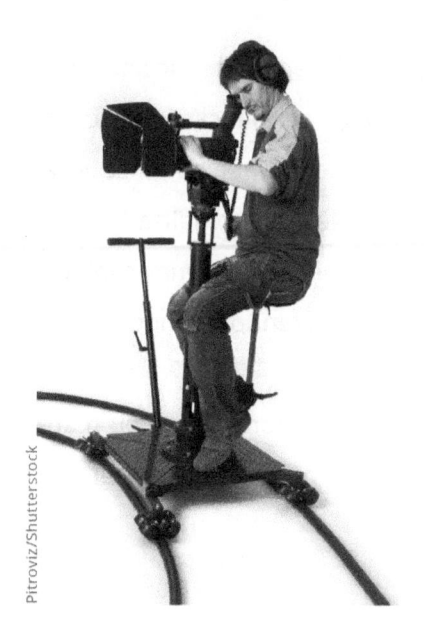

Figura 2.26 – Grua pequena ou *minigrua*

Figura 2.27 – Grua de grande extensão

Perguntas & respostas

O que é o *travelling*?

O *travelling* é um movimento em que a câmera se desloca horizontalmente sobre um eixo móvel, podendo ser um carrinho sobre trilhos, um carro, uma motocicleta ou qualquer outro equipamento que permita esse movimento. Ele é muito utilizado para movimentar a câmera no mesmo sentido que a cena acontece – por exemplo, em uma cena em que uma pessoa está correndo e é necessário acompanhá-la durante determinado trajeto.

Qual o movimento de câmera mais apropriado para descrever um prédio ou uma pessoa na vertical?

Tilt ou panorâmica vertical.

Como se chama o movimento que utiliza o recurso possibilitado pela lente *zoom*?

Zoom in ou *zoom out*.

Síntese

Ao longo deste capítulo, tratamos de conceitos e definições de linguagens cinematográficas e dos elementos que as compõem. Vimos o que é composição e como criá-la com o uso da perspectiva, da luz, das linhas e do posicionamento da câmera.

Mostramos que as composições podem ser relacionadas com os movimentos cinematográficos, pois elas são responsáveis pela criação da linguagem do cinema. Além disso, apresentamos os principais planos e tomadas utilizados no cinema, assim como os movimentos e os posicionamentos de câmera na criação dos planos e as tomadas.

Exercícios resolvidos

1. Ao criarmos uma história para o cinema (roteiro), é necessário que seja possível traduzir em imagens tudo aquilo que está sendo narrado. Para isso, as imagens precisam ser veiculadas com uma linguagem específica, correspondente ao que gostaríamos de contar. Para isso, a composição de cena deve ser concebida de acordo com o objetivo da própria cena. Considerando isso, como podemos definir *composição* e como ela pode ser feita?

Resposta: *Composição* pode ser definida como a organização de elementos em um enquadramento, podendo ser dividida em primeiro, segundo e terceiros planos (de acordo com a linguagem) e fundo. A essa combinação de planos acrescentam-se a iluminação, as cores da cena e as formas, tudo para criar uma imagem harmônica e agradável.

A composição é a responsável pelo entendimento da cena por parte do espectador e, por isso, deve fazer algum sentido para este. Esse sentido proposto é tratado justamente na linguagem.

2. A linguagem é a maneira como os cineastas "conversam" com o público. É preciso que os espectadores criem uma identificação com o que estão assistindo e, de uma forma ou de outra, possam executar a "ação" planejada ou mesmo ter a reação esperada, como o riso, o choro ou algum outro sentimento. Linguagem não é apenas a maneira como escrevemos ou falamos: é tudo! Considerando essa definição, cite alguns dos elementos que compõem a linguagem cinematográfica.

Resposta: A cor usada nas artes, a trilha sonora, o tipo de câmera e seus movimentos na hora da gravação, como serão editados e finalizados e até mesmo o tempo de duração do filme. A linguagem precisa se identificar com o seu público.

Questões para revisão

1. É muito desagradável para um espectador olhar para uma imagem mal composta, com um enquadramento ruim, no qual o objeto principal desaparece do filme, aparece de vez em quando ou mesmo se confunde com outros elementos do ambiente. Esses problemas acontecem por pura falta

de experiência. Para ser possível criar uma imagem melhor composta e harmoniosa, uma sugestão é o uso da regra dos terços. Como ela funciona?

2. Como pode ser definido o movimento de câmera chamado *PAN* ou *panorâmica*?

3. Qual é o plano de gravação de imagens mais aberto possível?
    a) Plano fechado.
    b) Plano americano.
    c) Plano médio.
    d) *Close-up*.
    e) Plano geral.

4. Quais são os principais planos utilizados na gravação de imagens?
    a) Geral, médio, fechado.
    b) Horizontal, vertical e diagonal.
    c) Frontal, traseiro e médio.
    d) Geral, *tilt* e *close-up*.
    e) Geral, médio e frontal.

5. Os movimentos de câmera participam da linguagem cinematográfica da mesma maneira que os planos, as tomadas, os enquadramentos, as composições e a iluminação. Com a movimentação da câmera ou de todo o seu conjunto (tripé e demais acessórios), é possível transmitir outras mensagens, aproximando ou afastando a cena e os personagens (*zoom*), percorrendo os cenários (*travelling*) ou subindo e descendo de elevações ou subterrâneos (grua, *tilt*).

Considerando essas informações e os conceitos abordados neste capítulo, assinale a alternativa correta a respeito dos tipos de planos e movimentos de câmera:

a) O *tilt* é o deslocamento da câmera, por qualquer meio, para aproximar, afastar ou acompanhar um objeto.

b) O plano geral mostra a pessoa da cintura para cima e permite a observação de muito detalhes da cena.

c) Na PAN, o espectador percebe a cena se movendo na vertical, para a cima ou para baixo.

d) O *close* enquadra o personagem abaixo dos cotovelos e aplica-se com perfeição na abertura de entrevistas.

e) O *travelling* é um movimento no qual a câmera se desloca horizontalmente, sobre um eixo móvel, podendo ser um carrinho sobre trilhos, um carro, uma motocicleta ou qualquer outro equipamento que permita fazer esse movimento.

Capítulo
03

Principais escolas e movimentos cinematográficos

Conteúdos do capítulo:

- Principais escolas e movimentos cinematográficos.
- Conceitos que criaram os movimentos cinematográficos.
- Cinema digital.

Principais escolas e movimentos cinematográficos

Neste capítulo, analisaremos os principais movimentos cinematográficos. Para isso, abordaremos as definições e os conceitos que criaram as escolas, suas principais características, além de apresentarmos alguns dos nomes que os idealizaram ou os levaram adiante. Para ilustrar a discussão, indicaremos alguns dos filmes que representam cada um desses movimentos. Também veremos como o cinema brasileiro foi influenciado, compreendendo os principais momentos que o fizeram ser o que é hoje.

Por fim, discutiremos o cinema digital, pois se trata da evolução natural do caminho que a tecnologia nos oferece. Conheceremos um pouco de sua estrutura, suas definições e seu funcionamento, como o uso do codec, por exemplo.

3.1
Os movimentos cinematográficos

As artes, de um modo geral, estão sempre se renovando, constantemente sofrendo algum tipo de alteração, alguma mudança e, assim, de uma forma ou de outra, acabam se modernizando.

Isso aconteceu e ainda acontece com o cinema. Desde seu início, quase experimental, as técnicas e as linguagens foram sendo criadas, modificadas e aperfeiçoadas, dando origem a diversos formatos. Conforme esses "modelos" foram sendo repetidos e aperfeiçoados em novas produções, acabaram criando novas formas. Quando essas formas nos permitem enxergar uma nova linguagem, acabam fixando e estabelecendo uma nova maneira de expressão cinematográfica, que podemos chamar de *movimento*.

Importante!

Um movimento cinematográfico pode, então, também ser definido como uma reunião de filmes que se utilizam de uma mesma linguagem, uma mesma forma de expressão e estética visual, dentro de um determinado período de tempo.

É possível também determinar que um movimento é desenvolvido ou criado quando alguns filmes são produzidos com características semelhantes e normalmente em um mesmo país. De fato, o cinema acaba por incorporar várias características culturais dos países onde são produzidos. Por exemplo, os Estados Unidos, um país altamente desenvolvido e com altos recursos financeiros, fizeram com que o cinema adquirisse característica de indústria cultural, ao contrário de países que sofreram com guerras, ditaduras ou com a escassez quase que total de recursos financeiros. É claro que essas duas situações afetam diretamente na produção cinematográfica, na criatividade e nas possibilidades a serem oferecidas para a criação de um filme.

Assim como em outras formas de arte, o cinema permite que cada lugar e cada época produza seus filmes de uma forma diferente, o que muitas vezes envolve a cultura e as tradições da região e, outras vezes, pode estar relacionado ao desenvolvimento ou ao aperfeiçoamento de técnicas adotadas por outras escolas. A seguir, vamos conhecer alguns desses movimentos.

3.2
Construtivismo

O construtivismo teve início na Rússia, no início do século XX, e durou até meados da década de 1920. Foi uma vanguarda artística que envolveu quase todas as suas representações, como a fotografia, a dança, as artes plásticas, a literatura, o teatro, o *design* e até mesmo a arquitetura. Foi um movimento tanto estético quanto político, usado como instrumento de transformação social e reafirmação dos ideais revolucionários. Por meio dele, revogava-se a "arte pura" em favor de algo muito mais exato, geométrico, utilitário, que não tinha a função de decorar, mas de organizar a própria vida.

Para Mascarello (2015, p. 114), "Como qualquer movimento ou período artístico, a classificação do construtivismo é polêmica, o que é acentuado pela quantidade de propostas de debates estéticos que pululavam na Rússia revolucionária". Ainda na tentativa de descrever o movimento, Mascarello (2015, p. 115) continua: "Expondo o modo de construir os artefatos que nos sensibiliza, o construtivismo foi uma pedagogia para os sentidos. O melodrama, que se desenvolveu na fase heroica da burguesia, contra o teatro aristocrático, era também uma pedagogia para o olhar".

Preste atenção!

Para Vladimir Tatlin, pintor, escultor e arquiteto ucraniano e um dos principais teóricos do construtivismo, uma cadeira não difere em nada de uma escultura, e a escultura deve ser funcional como uma cadeira.

Na época em que surgiu o construtivismo, o cinema era visto com especial atenção pelos revolucionários soviéticos. Isso porque ele era não só uma forma de arte técnica e industrial, mas mostrava o mundo de modo mais direto que a pintura, na qual o traço do artista é mais evidente.

Podemos destacar como um dos feitos marcantes desse movimento a ruptura com o padrão hollywoodiano, que pode ser percebida nos inúmeros trabalhos do diretor, cineasta, documentarista experimental e jornalista soviético Dziga Vertov.

Para Mascarello (2015, p. 133-134):

Ainda que todos os cineastas soviéticos dos anos 1920 trabalhassem sob a égide vanguardista do construtivismo, Vertov foi, provavelmente, o que tentou realizar de modo mais radical os princípios do movimento. Ele buscou uma versão cinematográfica da luta do poema-fato de Maiakovski contra o que julgava serem ranços simbolistas (Eisenstein incluído). No plano da produção, sua utopia era substituir a instituição do cinema – com seus profissionais, técnicos e sistema econômico de produção, distribuição e exibição – pelos *kinoks*, os membros do movimento criado por Vertov para a realização de um cinema radicalmente novo, baseado numa rede coletiva de colaboradores.

De outra forma, os filmes compostos por heróis ou histórias românticas que levassem a uma evidente cultura individualista não encontravam eco na força da coletividade, tão cara ao regime comunista.

Com um viés futurista, o construtivismo se preocupava em desenvolver e mostrar um rompimento com a arte tradicional, utilizando formas de apresentação ligadas à tecnologia existente na época, às máquinas, aos componentes eletrônicos e a outros aspectos referentes aos avanços técnicos.

Não era raro o próprio povo se ver nas telas do cinema encarnando estereótipos sociais, como o pai, a mãe, o padre, o marinheiro ou o estudante. Alguns desses personagens eram anônimos e nas histórias quase não se distinguia um verdadeiro protagonista.

Importante!
....
Os trabalhos realizados geralmente eram patrocinados pelo governo e, embora resultassem em um produto criativo e inovador, muitas vezes ofereciam um forte viés ideológico.
....

Artistas como Aleksandr Rodchenko, El Lissitzky e Naum Gabo são considerados os fundadores desse movimento e se utilizavam da fotografia, da moda e dos elementos industriais para expressarem suas ideias e seus pensamentos.

∴ Exemplos de filmes do construtivismo russo

O encouraçado Potemkin (1925), dirigido por Sergei Eisenstein, foi uma homenagem aos vinte anos da manifestação popular de 1905, que serviu como precursora da Revolução Socialista de 1917. O filme retrata uma rebelião no navio de guerra Potemkin.

Devido ao péssimo tratamento a que os marinheiros eram submetidos, como receber alimentação estragada, decidem iniciar uma rebelião.

As cenas do filme são consideradas clássicas até hoje e mostram a opressão de várias maneiras, alternando planos e criando uma identificação quase que imediata com a plateia. A variação na duração nos planos e a sua alternância ajudam a criar angústia em quem assiste.

O encouraçado Potemkin é tão reverenciado que aparece vez ou outra como citação em outros filmes mais recentes.

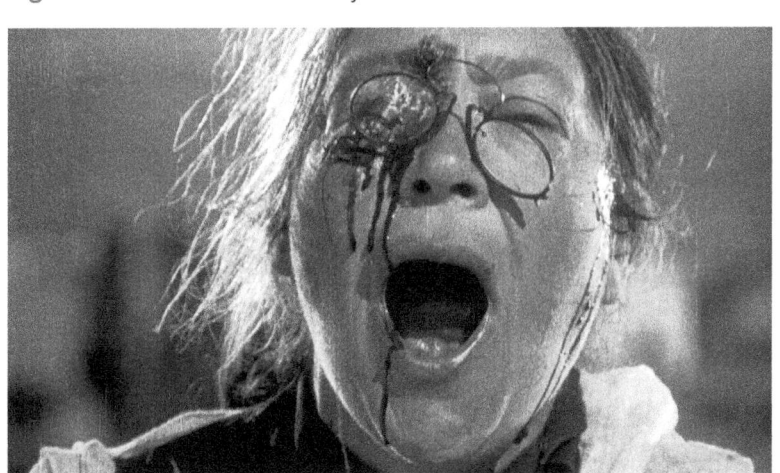

Figura 3.1 – Cena de *O encouraçado Potemkin*

O ENCOURAÇADO Potemkin. Direção: Serguei Eisenstein. Rússia: 1925. 75 min.

Um homem com uma câmera (1929), dirigido por Dziga Vertov, intercala acontecimentos das esferas pública (trânsito, trabalho) e privada (interior de residências) de várias cidades russas, mas especialmente de Moscou. É um dos filmes mais ousados de Vertov, tendo seu processo criativo partido da articulação de quatro elementos: o olho, a câmera, a realidade e a montagem.

Uma das grandes diferenças que esse movimento proporciona em relação à narrativa hollywoodiana é a não linearidade das cenas, já que uma cena não necessariamente deve conduzir a outra. O filme nos leva para conhecer lugares nitidamente moldados pelo olhar do diretor, sendo que a continuidade dos planos – sua sequência de montagem – se difere muito da escola norte-americana de Hollywood.

A relação da câmera com a plateia é rompida diversas vezes com o aparecimento da própria câmera em cena, produto também da construção artificial das imagens, que muitas vezes são sobrepostas. Rompe-se a barreira da ilusão ficcional e coloca-se no lugar dela um novo tipo de realidade, que surge com base na relação da câmera com nosso cotidiano.

Vertov tinha um objetivo claro ao realizar esse filme: fazê-lo por meio de uma linguagem puramente cinematográfica, fugindo, assim, das outras formas de arte, como o teatro ou a literatura.

O filme propositalmente não deveria ter roteiro, atores profissionais e muito menos diálogos. O objetivo era basear-se somente nas imagens, o que faz com que o filme se desenrole acompanhando um homem e sua câmera andando pelas ruas de Moscou, Kiev e Odessa, locais onde a vida das pessoas é captada pela lente de sua câmera.

Com imagens técnicas, muitas vezes divididas, Vertov oferece belas imagens apresentadas de forma organizada e até mesmo sofisticada.

Figura 3.2 – Cena de *Um homem com uma* câmera

UM HOMEM com uma câmera. Direção: Dziga Vertov. Ucrânia: 1929. 68 min.

A Mãe (1924), dirigido por Vsevolod Pudovkin e baseado na obra de Maxime Gorki, aborda as consequências da Revolução Russa, além de apontar como o cinema era utilizado como propaganda pelo governo soviético. A história se passa na cidade de Sormovo, onde um trabalhador (ferreiro) é assassinado. A sua viúva se vê envolvida quando ajuda os investigadores a procurarem o assassino, que é amigo de seu filho.

O filme é utilizado pela União Soviética como propaganda contra o alcoolismo. Trabalha com constantes cortes, closes e planos fechados, compondo a narrativa com a intenção de criar uma forte empatia com a plateia. Sendo mudo, a música tem fundamental importância na sugestão dos sentimentos experimentados pelas personagens, como a alegria, a esperança e a tristeza.

Figura 3.3 – Cena de *A Mãe*

A MÃE. Direção: Vsevolod Pudovkin. Rússia: 1926. 89 min.

3.3
Expressionismo

Diferentemente de outros movimentos, não se conhece ao certo a data ou o local onde surgiu o expressionismo. O mais aceito é que essa tendência tenha surgido na Alemanha entre o final do século XIX e o início do século XX.

Uma de suas características mais marcantes é a visão trágica do ser humano. Ao entendermos o que a própria palavra *expressionismo* representa, podemos associá-la aos sentimentos e às emoções, não sendo difícil identificar esses elementos nas obras desse movimento. Vários temas e obras exageram e distorcem as emoções, mostrando, muitas vezes, uma visão pessimista da vida, sentimentos frequentemente ligados à percepção dos artistas em relação à sociedade moderna e industrializada da época.

Esse sentimento é proveniente de uma união de situações e de fatores sociais, políticos e econômicos do período imediatamente posterior à Primeira Guerra Mundial. A decepção da derrota gerou nos alemães uma profunda angústia e a incerteza em relação ao futuro. Da mesma forma que o construtivismo russo, o expressionismo não foi um movimento exclusivo do cinema. Ele envolveu também outras formas artísticas, como a pintura, o teatro e a música, sendo considerado multidisciplinar.

Importante!

No expressionismo, os artistas se exprimiam por meio do medo e do pavor nos quais a sociedade estava submersa e aos quais parecia aprisionada.

Uma das representações mais conhecidas desse movimento é a obra *O grito* (1893), do artista Edvard Munch.

Figura 3.4 – *O grito*, de Edvard Munch

MUNCH, Edvard. O grito. 1893. Têmpera e graxa em papelão. 91 × 73,5 cm. Nasjonalmuseet, The Fine Art Collections.

Como movimento cinematográfico, o expressionismo alemão durou até 1927, aproximadamente. A concorrência da indústria norte-americana, a ascensão do nazismo e a fuga de talentos locais para Hollywood minaram as bases do cinema expressionista na Alemanha. Por outro lado, ele deixou como herança um estilo inconfundível de fazer cinema que até hoje angaria admiradores.

∴ Exemplos de filmes do expressionismo alemão

Nosferatu (1922), dirigido por Friedrich Wilhelm Murnau, foi a primeira história de vampiro do cinema, trazendo o ser com expressões marcantes, mãos longas e dentes semelhantes aos de um rato. A temática principal do filme é a morte, mas também trata do inconsciente e do sonambulismo.

O expressionismo está presente na personagem do vampiro, que se alimenta de sangue humano, e em várias outras cenas. Quando Ellen ganha flores de seu marido, ela diz: "Por que matou flores tão lindas?". Em outra cena, a personagem Hutter é abordada na rua por um senhor que lhe dá um aviso: "Não tenha pressa, meu amigo, ninguém escapa ao seu destino". Por fim, há referência à peste, que estaria em todos os cantos da cidade, levando o espectador a questionar: "Quem ainda tem saúde? Quem estava mesmo doente?".

A sombra é uma forte referência do expressionismo alemão. Em diversas partes do filme, a sombra do vampiro provoca mais terror do que a própria imagem de Nosferatu. A incerteza de sua presença sob os efeitos da luz provoca a angústia, sentimento que merece destaque nas obras do movimento.

Figura 3.5 – Cena de *Nosferatu*

NOSFERATU. Direção: Friedrich Wilhelm Murnau. Alemanha: 1922. 94 min.

O gabinete do Dr. Caligari (1920), dirigido por Robert Wiene, conta a história de um hipnotizador (Caligari) que manipula a mente de um sonâmbulo para que ele cometa assassinatos em seu lugar. Metáfora de um regime opressor, o filme parece denunciar a obediência cega que os soldados precisam ter para servir a um Estado totalitário.

Características marcantes do filme são os ângulos distorcidos, a escuridão das ruas sinuosas e os atores quase caricatos com maquiagem excessiva. Tudo isso reflete a intenção do diretor de mostrar a visão de um mundo que perdeu as rédeas da razão, que está totalmente fora da realidade. O aspecto desproporcional do interior das residências, as janelas tortas, mais largas na parte de cima do que na base, além dos móveis desestruturados, oferecem mais significados do que aparentemente podemos supor.

A atmosfera do filme pode referenciar toda a descrença e o pessimismo que acomete a Alemanha ao fim da Primeira Guerra Mundial. O filme guarda uma surpresa no final, que amplifica ainda mais o clima de incerteza, ao deixar uma pergunta no ar: O que acabamos de ver era real ou alucinação?

Figura 3.6 – Cena de *O gabinete do Dr. Caligari*

O GABINETE do dr. Caligari. Direção: Robert Wiene. Alemanha: 1920. 71 min.

A morte cansada (1921), dirigido por Fritz Lang, apresenta outro aspecto do expressionismo alemão, pois as questões filosóficas se sobrepõem às causas políticas e sociológicas, mais presentes nesse movimento. Outra particularidade desse filme são os cenários e as ambientações, pois as paisagens germânicas, cenário característico nas obras desse estilo, são substituídas por filmagens em outros locais.

O filme mostra três histórias de amor, sempre interrompidas pela morte e situadas em três lugares diversos – em Veneza, na Itália, em uma cidade no Oriente Médio e na China. Aliás, como dissemos, esse é um detalhe que destoa das características do movimento.

A base de todo o filme é responder a pergunta: O amor é mais forte que a morte? O questionamento é respondido conforme as histórias vão se desenvolvendo. Segundo José Carlos Maltez (2013a), em seu texto sobre o expressionismo alemão, "através de três histórias simples (e de certo modo repetitivas) Fritz Lang parece dizer-nos que a única forma de o amor vencer a morte é simbólica, isto é, através de uma imortalidade que lhe resiste, já que é depois de mortos que os dois amantes se reencontram e continuam a sua história".

Figura 3.7 - Cena de *A morte cansada*

A MORTE cansada. Direção: Fritz Lang. Alemanha: 1921. 106 min.

3.4
Neorrealismo

O neorrealismo italiano, como vários outros movimentos, surgiu no Pós-guerra, entre 1945 e 1948, após a queda do regime fascista, num difícil período de pobreza e miséria. Funcionava como uma forma de expressão artística que tentava mostrar ao mundo que ainda era possível produzir arte.

Uma das características do movimento era a de utilizar, para as produções, os materiais que estivessem disponíveis, sem qualquer vontade de agradar ao governo (diferentemente do construtivismo soviético, por exemplo). Isso era necessário diante da total falta de recursos. A ausência de financiamento para as produções fazia com que cenas fossem filmadas ao ar livre, sem qualquer construção elaborada de cenários e paisagens, sem efeitos especiais e com a câmera na mão, captando diretamente o som ambiente.

Os diretores trabalhavam com pouquíssimos meios, usando luzes e cenários naturais, mostrando nas telas vilas de pescadores, favelas, agitações urbanas, dificuldades do cotidiano e filas de desempregados. Em vez do controle absoluto de uma filmagem em estúdio (onde até a chuva podia ser fabricada), os diretores neorrealistas tinham de trabalhar com o improviso, a ausência de um roteiro formal, as intempéries naturais e a utilização de figurantes sem nenhuma experiência com cinema.

∴ Exemplos de filmes do neorrealismo italiano

Roma: cidade aberta (1945), dirigido por Roberto Rossellini, conta a história de um grupo de rebeldes italianos e sua luta contra a ocupação nazista. O que impactou as plateias naquele momento foi o fato de que o diretor editou cenas rodadas clandestinamente durante a Segunda Guerra, juntando-as com outras feitas com atores, logo após o término desse conflito. Quando estreou, pouco tempo depois que as tropas alemãs deixaram a cidade, a população de Roma literalmente podia se ver na tela de cinema e reviver um drama tão recente quanto delicado em suas vidas. Afirma-se, inclusive, que a famosa cena em que a personagem da atriz Anna Magnani é morta por soldados alemães, estes são interpretados por soldados alemães que eram prisioneiros de guerra.

Figura 3.8 – Cena de *Roma: cidade aberta*

ROMA: cidade aberta. Direção: Roberto Rossellini. Itália: 1945. 103 min.

Ladrões de bicicleta (1948), dirigido por Vittorio De Sica, conta a história de Antonio, um trabalhador que luta para sustentar sua família. Para conseguir um novo emprego, ele precisa ter uma bicicleta. Com muito sacrifício, ele penhora suas roupas de cama para comprá-la, mas a recém adquirida bicicleta é roubada logo em seguida. Com a ajuda de seu filho, Antonio sai pela cidade na esperança de encontrar seu bem perdido.

Neste filme, De Sica faz um retrato da classe trabalhadora urbana da época, na qual o desemprego e a falta de perspectiva levavam muitas pessoas para a marginalidade. Em uma cidade onde não existia justiça, parte da população encontrava conforto no misticismo e na religião. Em uma das cenas, ouvimos parte de um sermão que diz que é preciso "ter força para trilhar os caminhos da tristeza". Além da fé, o sonho de uma vida melhor também está no escapismo dos filmes de Hollywood. O trabalho para o qual Antônio compra a bicicleta é colar cartazes de cinema pela cidade, expondo um interessante contraste entre o mundo real e o idealizado pela ficção.

De todos os movimentos que foram uma reação ao modelo imposto pela indústria norte-americana, o neorrealismo foi o que mais teve aceitação em Hollywood. Muito afeitos ao realismo e aos finais edificantes, os filmes italianos desse período encantaram os estúdios justamente por terem um realismo elevado a um nível nunca visto até então. Vários desses filmes chegaram a ser indicados a prêmios como o Oscar, tendo, inclusive, alguns deles vencido a premiação, como *Ladrões de bicicleta*, além de um raro Oscar de melhor atriz concedido a Anna Magnani, que atua falando em italiano, e não em inglês, como normalmente acontece nessa categoria.

Figura 3.9 – Cena de *Ladrões de bicicleta*

LADRÕES de bicicleta. Direção: Vittorio De Sica. Itália: 1948. 93 min.

O caminho da esperança (1950), dirigido por Pietro Germi, é um dos filmes mais fiéis às características do neorrealismo italiano. O diretor utiliza cenários naturais, atores amadores e planos fechados cobertos de emoção para contar várias histórias de adversidades, tragédias e desilusões vividas por um grupo de pessoas que se movimentam pelo mundo, perdidas nas cidades.

Maltez (2013b) descreve o neorrealismo italiano presente em *O caminho da esperança* da seguinte forma:

Por tudo isto "O caminho da esperança" é um retrato de desespero, de uma luta para sobreviver, renegando as origens, e tentando um recomeçar do zero, sem garantias nem salvaguardas. Se no campo coletivo são vários os exemplos, no campo pessoal tal reflete-se na história de Saro e Barbara cujas circunstâncias os impelem um para o outro, sem romantismos, e quase sem palavras, apenas porque estão presentes, e precisam de contar um com o outro".

Figura 3.10 – Cena de *O caminho da esperança*

O CAMINHO da esperança. Direção: Pietro Germi. Itália: 1950. 105 min.

3.5
Nouvelle vague

A *nouvelle vague*, ou "nova onda", foi um movimento que ocorreu na França, na década de 1960, e chegou a ser confundido com uma escola que envolveria a própria televisão. Contrário às grandes produções hollywoodianas, a principal proposta desse movimento era a realização de produções de baixo orçamento, focadas em atores pouco conhecidos. Por serem produções baratas, eram muitas vezes produzidas nas ruas, longe dos grande e caros estúdios cinematográficos, com total liberdade estética, roteiros livres e temas do cotidiano. Trabalhava, muitas vezes, com quebra da linearidade do tempo, planos e composições despretensiosos e cortes duros e repentinos.

Em oposição ao "cinema de produtor" norte-americano, os jovens diretores da *nouvelle vague* propuseram o "cinema de autor", no qual o diretor é a peça fundamental para a realização de um filme. Os diretores pertencentes a esse movimento, em sua maioria, começaram sua carreira como críticos de cinema ou então como assíduos frequentadores de cineclubes. Foi apenas depois de muito teorizar que eles decidiram pegar uma câmera e colocar suas ideias em prática.

Por ser composto por "diretores cinéfilos", os filmes da *nouvelle vague* tinham por hábito explorar a metalinguagem, ou seja, usavam o cinema para tratar dele mesmo.

Os maiores representantes desse movimento são Jean-Luc Godard, François Truffaut, Eric Rohmer, Alain Resnais, Claude Chabrol, Agnès Varda, Jacques Rivette e Chris Marker.

∴ Exemplos de filmes da *nouvelle vague* francesa

Os incompreendidos (1959), dirigido por François Truffaut, conta a história de Antoine Doinel, um garoto parisiense de 12 ou 13 anos que, rejeitado pelos pais e reprimido pelo sistema educacional vigente, encontra consolo em suas perambulações por Paris, nos livros de Honoré Balzac e no cinema. O filme é inspirado na vida do próprio diretor, que, segundo ele mesmo conta, em sua infância, estava sempre correndo ou fugindo de algo, período do qual guardava uma angústia terrível.

Luiz Santiago (2014) descreve a relação de François Truffaut com as características da *nouvelle vague*:

> A forma como o diretor guia a obra, tal qual um diálogo sobre o dia a dia de um adolescente rebelde, nos aproxima ainda mais do que vemos na tela porque nos identificamos, em algum ponto, com o que está acontecendo e isso não só

para o cenário adolescente mas também para o cenário infantil, que, aliás, tem uma ótima representação no longa, com direito ao metalinguístico diálogo com o teatro (a apresentação de fantoches em "oposição" ao cinema) e uma séria denúncia do cineasta para as relações injustas entre professores e alunos; permissivas demais ou exageradas entre pais e filhos; e burocrática e pouco humana entre o Estado e os indivíduos.

Figura 3.11 – Cena de *Os incompreendidos*

OS INCOMPREENDIDOS. Direção: François Truffaut. França: 1959. 99 min.

Acossado (1960), dirigido por Jean-Luc Godard, conta a história de um ladrão de carros que, a caminho de Paris, mata um policial que tentou prendê-lo por excesso de velocidade. Já na capital francesa, ele conta com a ajuda de uma ex-amante para esconder-se, enquanto tenta receber um dinheiro que lhe devem. Durante a realização do filme, um toque pessoal do diretor: o gosto por não seguir seus roteiros à risca e preferir contar com a improvisação dos atores. Ele achava grotesco que os atores apenas executassem ordens sem liberdade alguma.

Preste atenção!

Se a *nouvelle vague* foi um ato de rebeldia, com certeza Jean-Luc Godard tem destaque no grupo de rebeldes. Em relação ao modo de filmar, usou e abusou dos cortes secos (contrariando a narrativa clássica hollywoodiana, que pregava o corte imperceptível entre os planos), tirou a câmera da estabilidade do tripé para a instabilidade da mão e subverteu a noção de espaço e tempo na narrativa. Essa mesma rebeldia pode ser atribuída ao conteúdo de seus filmes.

Figura 3.12 – Cena de *Acossado*

ACOSSADO. Direção: Jean-Luc Godard. França: 1961. 90 min.

O joelho de Claire (1970), dirigido por Eric Rohmer, conta a história de Jerome, um diplomata prestes a se casar e que vai passar suas férias de despedida em uma casa às margens do lago Annecy, na Alta Saboia, leste da França.

Giancarlo Couto (2014) assim descreve uma parte da história:

Enquanto isso ele passa férias com sua amiga de longa data Aurora (Aurora Cornu), que alugou um quarto na casa de uma senhora que tem duas filhas adolescentes, Laura (Béatrice Romand) e Claire (Laurence de Monaghan). [...] Se alguém visse os primeiros quinze minutos da obra sem saber do título, provavelmente pensaria que o romance a se desenrolar nela seria entre Jerome e Aurora. Porém ambos estão acima disso, ali eles estão apenas com a função de provocar os desejos alheios e controlar os seus. Eles são a presença adulta, versão desenvolvida dos sentimentos, lidando com os desejos impulsivos das crianças. Tanto que em certo momento Aurora revela que nas últimas semanas trabalhou para conquistar cinco garotos, apenas pelo prazer de conquistá-los.

Com refinamento, belas cenas e uma cuidadosa fotografia, Eric Rohmer construiu uma narrativa inteligente, bem ao estilo do que o movimento buscava.

Figura 3.13 – Cena de *O joelho de Claire*

O JOELHO de Claire. Direção: Eric Rohmer. França: 1970. 105 min.

3.6
Dogma 95

Dogma 95 é um movimento dinamarquês iniciado em 1995 com um manifesto escrito por Thomas Vinterberg e Lars Von Trier. Nesse texto, os diretores defendem uma espécie de "resgate" do cinema com a adoção de uma postura menos comercial, com trabalhos e linguagens mais realistas. O uso propositalmente limitado de recursos técnicos era uma marca de oposição aos excessos de efeitos especiais e à alta tecnologia utilizada nas grandes produções hollywoodianas, objeto de crítica por parte desse movimento.

Os integrantes desse movimento organizado estabeleceram dez critérios técnicos (também chamados de *votos de castidade*) para impedir que as produções se tornassem apelativas. Observe-os:

1. As filmagens devem ser feitas em locações, não em estúdios. Objetos e acessórios não devem ser levados para o local (se algum objeto específico é necessário para a história, a locação deve ser escolhida de modo que já contenha tal objeto).

2. O som nunca deve ser produzido separadamente das imagens, ou vice-versa (trilhas musicais não podem ser usadas, a menos que a música esteja tocando no local onde a cena é gravada).

3. O filme deve ser gravado com a câmera na mão. Qualquer movimento ou sensação de imobilidade obtidos manualmente são permitidos.

4. O filme deve ser em cores. Iluminação especial não é aceitável (se há pouca luz, a cena deve ser cortada ou uma única lâmpada pode ser anexada à câmera).

> 5. Trabalhos ópticos e filtros são proibidos.
> 6. O filme não deve conter ações superficiais (assassinatos, armas, etc., não podem ser incluídos).
> 7. Alienações temporais e geográficas não são permitidas (ou seja, o filme deve acontecer aqui e agora).
> 8. Filmes de gênero não são aceitos.
> 9. O formato do filme deve ser de 35 mm.
> 10. O diretor não pode ser creditado.

Fonte: Kreutz, 2018.

Ao contrário dos dogmas religiosos, o Dogma 95 não veio para aprisionar seus seguidores com normas a serem temidas. Funcionando como propulsoras da criatividade, essas restrições tornaram a arte de filmar acessível a todos os cineastas e os libertou das exigências financeiras e mercadológicas, cada vez mais frequentes da atualidade.

Dos diretores do Dogma, com certeza Lars von Trier é o mais conhecido e premiado, tendo realizado filmes como *Os idiotas*, *Dogville*, *Ondas do destino*, *Europa* e *Melancolia*. Nascido em 1956, em Copenhague, tinha 39 anos quando lançou o manifesto. Sua produção, em geral, incorpora ideias desse movimento, mas não segue todas as regras à risca. O único que é classificado como tal é *Os idiotas* (1998). Nele, encontramos toda a espontaneidade e a polêmica pertinentes aos filmes que optaram pelos "votos de castidade".

∴ Exemplos de filmes do Dogma 95

Os idiotas (1998), dirigido por Lars von Trier, conta a história de um grupo de jovens que se isola em um casarão para viver como doentes mentais. Eles se divertem com essa situação quando saem em público e causam situações constrangedoras. Com cenas de sexo explícito, violência e alguns diálogos estarrecedores, von Trier cria uma incômoda metáfora que busca na personagem do idiota uma forma de libertação das obrigações sociais e um possível reencontro com a inocência perdida. Guardadas as devidas proporções, é uma analogia com o próprio Dogma, a qual criou um grupo seleto de seguidores que busca recuperar a inocência perdida do cinema.

Nesse filme, o diretor busca mostrar seu ponto de vista sobre as relações na sociedade e, ainda mais do que isso, pretende expor a realidade das produções cinematográficas por meio da quase precariedade de recursos com que ele produziu essa obra.

Para Oliveira (2008, p. 119, grifo do original) o diretor procura expor toda a hipocrisia da sociedade, o que exemplifica com esse diálogo:

> "Karen: *Eu só gostaria de entender... por que estou aqui...*
> Stoffer: *Talvez por haver um pequeno idiota aí dentro querendo sair para ter companhia*".

Toda a agressividade, que por vezes é exposta no filme, e a própria linguagem adotada são características do movimento.

Para muitos profissionais e também para parte do público, os diretores desse grupo são uma espécie de lunáticos que obedecem regras estúpidas para fazer seus filmes.

Figura 3.14 – Cena de *Os idiotas*

OS IDIOTAS. Direção: Lars von Trier. Dinamarca: 1998. 117 min.

Festa de família (1995), dirigido por Thomas Vinterberg, conta a história de Helge, patriarca rico e influente de uma família, hábil administrador de negócios, que é acusado de incesto e pedofilia no dia de seu aniversário, na frente de todos os parentes. Em paralelo, correm outros assuntos como adultério, racismo, suicídio, aborto e drogas.

As imagens são provenientes de uma câmera nervosa, tremida, que muitas vezes deixa de utilizar os planos mais abertos para a ambientação e caminha sem a preocupação de enquadramentos precisos para focalizar as personagens da história. Isso acaba por causar alguns desconfortos em quem assiste. A intenção, contudo, é conquistar a empatia da plateia.

Com um roteiro muito bem amarrado, atuações viscerais e uma edição ágil, *Festa de família* desconstrói as relações de aparência e traz à tona situações cotidianas, com raro equilíbrio entre sensibilidade e crueldade.

Figura 3.15 – Cena de *Festa de família*

FESTA de família. Direção: Thomas Vinterberg. Dinamarca: 1998. 105 min.

O rei está vivo (2000), dirigido por Kristian Levring, é um dos filmes mais fiéis às rígidas regras do Dogma 95. A história gira em torno de onze turistas, de diferentes nacionalidades, que viajam por algum lugar da Namíbia, em um ônibus dirigido por um motorista negro. Durante a viagem, o veículo se perde e acaba ficando sem combustível num vilarejo abandonado. Segue-se, então, uma luta pela sobrevivência.

O uso da câmera na mão é constante e a falta de trilha sonora e a iluminação natural também reforçam os objetivos do diretor. Nagib (2000) descreve o desenrolar da história desta maneira:

A ideia que tem um dos personagens de encenar, com os companheiros de azar, o clássico "Rei Lear", de Shakespeare, para passar o tempo, também não seria má, se não acabasse servindo afinal para revelar a "verdade" dos personagens. Por nobre que seja o desejo do diretor, expresso em entrevista, de introduzir "um microscópio na alma" de seus atores, o resultado de tal prospecção não é mais que banal, embora no elenco estejam nomes como Jennifer Jason Leigh e Romane Bohringer [...].

O que desconcerta neste filme bonito e rigoroso é justamente constatar que tais frases e comportamentos preconceituosos são perfeitamente encontráveis, por exemplo, numa simples conversa de bar.

Figura 3.16 – Cena de *O rei está vivo*

O REI está vivo. Direção: Kristian Levring. Dinamarca: 2001. 108 min.

3.7
Cinema brasileiro

Podemos fazer uma relação direta entre a origem do cinema e a origem do cinema brasileiro, justamente porque em julho de 1896 ocorreu a primeira exibição cinematográfica no Brasil, paralelamente ao filme em que os irmãos Lumière registraram a saída dos funcionários de sua fábrica.

Já em 1897, foi inaugurada a primeira sala de cinema no Rio de Janeiro, pelos pioneiros irmãos italianos Paschoal e Affonso Segreto. O trabalho dos irmãos Segreto no Brasil começou com a filmagem da Baía de Guanabara, passando por registros na cidade de São Paulo.

O início do cinema brasileiro se caracterizou pelo estilo documental, registros de locais e eventos, até que, em 1908, Antonio Leal, um cineasta luso-brasileiro, produziu o filme *Os estranguladores*, primeiro obra cinematográfica brasileira de ficção, segundo os historiadores.

Depois de alguns anos, o cineasta português Francisco Santos produziu o primeiro longa-metragem brasileiro, *O crime dos banhados* (1914), com mais de 120 minutos de duração.

Contudo, diferentemente do que aconteceu na Europa, o cinema brasileiro não se desenvolveu tão rapidamente. Apenas em 1930 é que apareceram as primeiras empresas cinematográficas com um gênero bastante peculiar, as chanchadas.

Preste atenção!

Pode parecer estranho caracterizarmos parte da história e da produção do cinema brasileiro tendo por base a chanchada, mas é inegável sua importância e a influência de seu estilo no movimento cinematográfico no Brasil.

As chanchadas eram comédias musicais povoadas com histórias policiais e até mesmo de ficção científica, gênero também explorado em países como México, Cuba, Argentina, Portugal e Itália. Mesmo desprezada pelos críticos, a chanchada fez enorme sucesso no país, levantando grandes bilheterias para a época, utilizando-se de famosos artistas do rádio e lançando muitos atores para o mercado. Já na década de 1930 surgiu a Cinédia, considerada o primeiro grande estúdio cinematográfico no Brasil.

Até meados dos anos 1950, as chanchadas fizeram muito sucesso, mas com a chegada da TV, o estilo e a linguagem cinematográfica brasileira tomaram novos rumos. Assim, por volta de 1960, apareceu um movimento autenticamente brasileiro, o cinema novo.

Totalmente diferente da chanchada, o cinema novo foi criado com outro estilo, mais politizado e dramático.

Preste atenção!

Com o filme *O pagador de promessas* (1962), que ganhou prêmios como a Palma de Ouro, no Festival de Cannes, o cinema brasileiro passou a ser reconhecido em outros países. O desenvolvimento do cinema nacional começou a ganhar força e personalidade própria nos anos seguintes à conquista do prêmio no festival francês. O retrato da pobreza e da miséria, realidade presente no cotidiano da população, passaram a ser temas centrais de muitos filmes. *Deus e o diabo na terra do Sol* (1964), do diretor Glauber Rocha, é um bom exemplo desse gênero.

As décadas seguintes, 1970 e 1980, foram de crise para o cinema brasileiro, de modo que novamente o gênero cinematográfico passou a produzir filmes de baixa qualidade técnica. Ainda assim, alguns filmes se destacaram nesse período. Trabalhando com bons roteiros e boa qualidade estética e técnica, filmes como *Vai trabalhar, vagabundo* (1973), de Hugo Carvana, e *Dona Flor e seus dois maridos* (1976), de Bruno Barreto, se destacam dos demais.

∴ Exemplos de filmes do cinema novo brasileiro

Rio, 40 graus (1955), dirigido por Nelson Pereira dos Santos, é considerado o marco inicial do cinema novo. Com as filmagens feitas fora de estúdios, o diretor acompanha a vida de cinco garotos que moram em uma favela no Rio de Janeiro. A câmera circula por paisagens naturais: pelas praias e praças, pelo Maracanã e pelos morros cariocas. Nesse percurso, somos levados a perceber a desigualdade social, a corrupção e a vida "nada paradisíaca"

presentes nessa cidade, que é em um dos principais cartões-
-postais brasileiros.

Com uma sequência de planos gerais, o diretor passa pelas belas paisagens do Rio de Janeiro, ressaltando toda a desigualdade que permeia a vida dos garotos, que vendem amendoim para as pessoas que passeiam pelo Maracanã, por Ipanema e pelos demais pontos turísticos da cidade. A marca do cinema novo continua forte na história, mostrando a violência, a fome e a pobreza do cotidiano dos personagens, em contraste com a vida luxuosa da classe mais alta.

Campos (2018) expõe alguns detalhes da produção desse filme, colocando em evidência a sua relevância para o cinema nacional:

> Ao inaugurar uma linguagem numa época em que as produções estavam presas aos modelos clássicos hollywoodianos, Nelson Pereira dos Santos traz toda a sua energia política fermentada pelos ideais do PCB (Partido Comunista do Brasil), tendo como aliado o apego ao neorrealismo italiano e a admiração pelo cinema francês. A garra para fazer dar vazão ao cinema relevante e reflexivo que o Brasil precisava para o momento não significa que esteve isento das dificuldades de produção que são históricas no Brasil. Os negativos para rodar

o filme foram contrabandeados, haja vista a incisiva censura. A câmera foi emprestada por ninguém menos que o experiente Humberto Mauro, na época, diretor do INCE (Instituto Nacional do Cinema Educativo).

Figura 3.17 – Cena de *Rio, 40 graus*

RIO, 40 graus. Direção: Nelson Pereira dos Santos. Brasil: 1955. 100 min.

Vidas Secas (1963), dirigido por Nelson Pereira dos Santos, é um filme baseado no livro homônimo de Graciliano Ramos, uma das maiores obras da literatura brasileira. O filme também foi reconhecido como uma grande obra, vencendo o Prêmio OCIC no Festival de Cannes de 1964. A história retrata a vida sofrida de uma família de retirantes nordestinos. Fabiano, sua mulher Sinhá

Vitoria, os filhos, um papagaio e a cachorra Baleia percorrem o sertão, na esperança de encontrar um local digno para poderem se fixar e construir uma vida digna e próspera.

A fotografia do filme é composta de longos planos, os atores pouco se movem e há poucos diálogos, justamente para reforçar a ideia da impotência e da imobilidade da família diante da situação. A aridez do sertão é traduzida por meio de vários recursos cinematográficos: um grande contraste na luz, produzindo uma brancura que às vezes dá a impressão que vai cegar o espectador; em vez de música, o que se ouve são folhas secas rolando no chão, o caminhar sobre a areia e outros ruídos como trilha sonora.

Figura 3.18 – Cena de *Vidas Secas*

VIDAS secas. Direção: Nelson Pereira dos Santos. Brasil, 1963. 103 min.

Deus e o diabo na terra do sol (1964), dirigido por Glauber Rocha, é inspirado na literatura de cordel. O filme conta a tragédia do vaqueiro Manuel, que, com sua esposa Rosa, perde-se sertão adentro alternando sua fé entre um deus negro (Santo Sebastião) e um diabo louro (Corisco). Vítimas da miséria, da fome e da ignorância, tanto quando consagram sua fé a um dos seres quanto ao outro, suas esperanças transformam-se em decepções. Filmado em Monte Santo, no estado da Bahia, o filme foge do gênero documental tradicional e apresenta um resultado mais alegórico e barroco que *Vidas secas*. Glauber mistura referências nordestinas (o cangaço, o coronelismo, o misticismo, a história de Lampião e a literatura de Euclides da Cunha e Guimarães Rosa) com o *western* americano, as alucinações surreais de Luis Buñuel e a cena da escadaria de *Odessa*, de Sergei Eisenstein.

Milani (2019) descreve assim o caráter do filme:

> *Deus e o Diabo na Terra do Sol* é um dos marcos do Cinema Novo nacional, aquele filme que levou o nome de seu realizador e da nossa cinematografia ao redor do mundo tendo como única bandeira a precisão a respeito do que vivemos nesse país. Filme-denúncia e exposição, é eficiente tanto num primeiro plano, com seu enredo bem amarrado e elenco em primorosa sintonia, quanto na sua profundidade, que revela muito mais do que é possível depreender numa leitura superficial e apressada.

Figura 3.19 – Cena de *Deus e o diabo na terra do sol*

DEUS e o diabo na terra do sol. Direção: Glauber Rocha. Brasil: 1964. 120 min.

3.8
Cinema digital

Quando pensamos em "digital", quase que automaticamente somos levados a pensar em tecnologia, em recursos que muitas vezes contrastam com a tradição e a estrutura analógica (película, projetores etc.) do cinema. Acontece que a "fase" atual do cinema, que envolve digitalização das imagens tanto em sua captura quanto em sua exibição, está sendo responsável por várias mudanças, seja no modo de produzir cinema, seja em custos de produção e de exibição.

Para Mascarello (2015, p. 414), o surgimento do digital possibilitou a criação de novos formatos e linguagens, abrindo novas portas para quem quer fazer cinema:

A introdução das tecnologias facilitou imensamente os processos do cinema industrial e massivo, ao mesmo tempo em que ampliou possibilidades estéticas e abriu novos caminhos aos realizadores independentes. Esse paradoxo, que em muitos sentidos aproxima hoje categorias antes tradicionalmente distintas como "massivo" e "experimental", constitui apenas uma das muitas contradições criadoras introduzidas (ou apenas amplificadas) pelo que poderíamos chamar de "paradigma digital".

A expressão *cinema digital* por si só já indica sua função, modo de construção e exibição, ou seja, passamos a trabalhar com base nos sistemas binários, nos *bits* (ou mesmo *bytes*, se preferir). A captação das imagens passa a ser feita com câmeras que transformam os sinais luminosos e o som em arquivos digitais, com auxílio de algoritmos executados pelo codec (codificador/compressor – decodificador/descompressor) instalado na câmera. Por meio da placa de vídeo (que vai ler as imagens que entram pela lente), dos sensores digitais e da placa de som e apoiadas por um sistema de processamento, as imagens são transformadas em arquivos específicos, que são armazenados (ou gravados) em um sistema de HD (*hard disc*) ou mesmo em cartões de memória.

Por essa descrição, você pode perceber que estamos falando de um computador! Sim, isso mesmo, no cinema digital, as câmeras têm, em seu interior, pequenos computadores para poderem processar todas as informações necessárias, como equilíbrio de luz, branco, íris, abertura, volume do som, além de muitos outros detalhes técnicos necessários para a construção de imagens e sons.

Logicamente que toda a base da captação digital é proveniente das câmeras analógicas e toda a construção técnica precisa ter a mesma referência (íris, foco, *white balance* etc.).

A comparação dos processos de produção do cinema convencional com os do digital nos leva diretamente ao trabalho que as câmeras cinematográficas que fazem uso de película exigem, ou seja, a "filmagem" das cenas, a revelação dos filmes e até mesmo a edição mecânica destes. A edição digital possibilita que o processo de digitalização das imagens contidas nas películas seja substituído por uma simples transferência de arquivos quando usadas as câmeras digitais.

Também é necessário entendermos que toda a logística da produção cinematográfica sofre alterações, sejam elas na captação e na edição, sejam na finalização do filme e até mesmo em sua distribuição. Os famosos rolos de filme são substituídos pela transferência de dados por rede, fazendo com que todo o processo, desde o início, seja otimizado.

Tudo isso nos leva a pensar em como o cinema digital pode facilitar a produção independente, isto é, que não é feita por grandes estúdios e nem faz parte da grande empresa que o cinema se tornou.

Importante!

Embora existam defensores do cinema tradicional e da estética artística que a produção convencional (ou analógica) pode oferecer, são inegáveis as oportunidades e as facilidades que o processo digital pode proporcionar a quem se interessa em produzir filmes, sejam quais forem as finalidades com que são feitos.

Mas não podemos atribuir ao cinema digital somente vantagens. Também é possível verificarmos alguns problemas e inconvenientes relacionados a esse formato.

À medida que o trabalho com a tecnologia evolui, vão aparecendo muitas dúvidas em relação ao processo de produção, utilização de equipamentos e modo de operação. Um exemplo clássico é a utilização de codecs específicos para determinado tipo de câmera e de *software*, o que, em algumas situações, pode gerar incompatibilidade de leitura.

Por exemplo: as imagens são gravadas em uma determinada câmera digital e o codec, *software* presente na câmera, transforma as imagens que entram pela lente em arquivos digitais. Pois bem, para que essas imagens possam ser editadas e lidas pelo *software* em que será feita a edição, ele deve também ter o mesmo codec. Se isso não acontecer, o *software* de edição não reconhecerá as imagens gravadas e não será possível realizar a edição.

É claro que devemos contar com a integração entre as empresas que fabricam as câmeras e as empresas que desenvolvem os *softwares*, mas, em alguns tipos e formatos de câmeras, isso não tem acontecido com frequência.

Outro detalhe muito importante é em relação à qualidade das imagens geradas, editadas e finalizadas. Todo esse processo deve ser feito com muito conhecimento e habilidade técnicos, pois é possível que haja perdas significativas na qualidade das imagens durante alguma das etapas do processo de produção. Para que isso ocorra, basta alguém escolher o codec errado ou exagerar em alguma taxa de compressão durante a edição e a finalização dos trabalhos.

Vantagens e desvantagens à parte, o fato é que estamos em um mundo cada vez mais digitalizado e todos os processos que não se alinham com a tecnologia tendem a se modificar, adaptar-se ou mesmo deixar de existir. O cinema faz parte desse processo.

Síntese

Neste capítulo, tratamos dos principais movimentos cinematográficos existentes no mundo, verificando os principais filmes que representam essas escolas, seus diretores e uma breve sinopse de cada uma dessas produções.

Vimos também como foi o início do cinema brasileiro e alguns de seus personagens mais importantes, bem como alguns filmes e diretores que representam o cinema nacional.

Por fim, entendemos como funciona o cinema digital, um pouco de sua tecnologia e seu conceitos, assim como a perspectiva para o futuro dessa técnica.

Exercício resolvido

1. Os movimentos cinematográficos foram e são importantíssimos para a história e para o próprio desenvolvimento do cinema no mundo. Eles criaram formas, linguagens e maneiras diferentes de se comunicar com o público. Diante disso, como podemos definir o que são os movimentos cinematográficos?

Resposta: Um movimento cinematográfico pode ser definido como uma reunião de filmes que se utilizam de uma mesma linguagem, uma mesma forma de expressão e estética visual, dentro de um determinado período de tempo.

É possível também determinar que um movimento é desenvolvido ou criado quando alguns filmes são produzidos com características semelhantes e normalmente em um mesmo país. Segundo Bordwell e Thompson (2013, p. 687), "Cineastas que operam em uma estrutura de produção comum e que compartilham certos conceitos sobre realização cinematográfica". Assim como outras formas de arte, o cinema permite que cada lugar, cada país, produza seus filmes de uma forma diferente, muitas vezes ligada à cultura e às tradições da região, outras vezes ligadas às técnicas desenvolvidas ou aperfeiçoadas por outras escolas.

Questões para revisão

1. Descreva as principais diferenças entre o cinema convencional e o cinema digital.

2. O *cinema digital* tem forte relação com os equipamentos digitais, como o próprio nome sugere. Além desses recursos operacionais, um elemento importante na construção das imagens é o codec. Explique a relação do codec com os equipamentos e com a qualidade das imagens gravadas.

3. Teve início na Rússia, no início do século XX, e durou até meados da década de 1920. Foi um movimento totalmente voltado para a vanguarda artística, envolvendo quase todas as suas representações, como a fotografia, a dança, as artes plásticas, a literatura, o teatro, o *design* e até mesmo a arquitetura. Essa é a definição de qual movimento?

   a) Expressionismo.

   b) Construtivismo.

   c) Surrealismo.

   d) *Nouvelle vague.*

   e) Dogma 95.

4. Artistas como Aleksandr Rodchenko, El Lissitzky e Naum Gabo são considerados os fundadores de um movimento que se utilizava da fotografia, da moda e dos elementos industriais para expressar suas ideias e seus objetivos. A qual movimento esses artistas estão relacionados?

   a) Construtivismo.

   b) Dogma 95.

   c) Cinema brasileiro.

   d) Neorrealismo.

   e) Expressionismo.

5. Podemos fazer uma relação direta entre a origem do cinema e a origem do cinema brasileiro, uma vez que, em julho de 1896, ocorreu a primeira exibição cinematográfica no Brasil, paralelamente ao filme dos funcionários saindo da fábrica dos irmãos Lumière. Já em 1897, foi inaugurada a primeira sala de cinema no Rio de Janeiro pelos pioneiros irmãos italianos Paschoal e Affonso Segreto. O trabalho dos irmãos Segreto no Brasil começou com a filmagem da Baía de Guanabara, passando por registros na cidade de São Paulo. O início do cinema brasileiro se caracterizou por um estilo bem específico. Que estilo foi esse?

a) Documental.
b) Expressionista.
c) Construtivista.
d) Realista.
e) Reportagens.

Capítulo
04

Documentarismo

Conteúdos do capítulo:

- Conceitos de documentarismo.
- Principais linguagens.
- Etapas da produção.

Documentarismo

Neste capítulo, abordaremos inicialmente os conceitos de documentarismo, sua trajetória e algumas definições feitas por especialistas. Vamos conhecer as principais linguagens que envolvem e definem o gênero, suas origens e abordagens. Com isso, veremos que um documentário acaba carregando características tanto do cinema quanto da televisão, o que o situa em um patamar bem específico, como um gênero único e de grande importância.

Também vamos entender se é possível relacionar um documentário – que normalmente busca retratar a veracidade dos fatos e dos locais – com a ficção – na qual a criação e a imaginação podem levar a um mundo distante da verdade dos acontecimentos.

Saberemos, ainda, quais são as etapas e os processos que envolvem a produção de um documentário, assim como a importância do roteiro para o gênero e os principais passos que compõem a sua elaboração. Afinal, a produção de um documentário se desenvolve tendo por base um argumento e, na maioria das vezes, ele é fundamentado em fatos reais.

Para chegarmos a essa resposta, conheceremos a estrutura de um documentário, baseada inicialmente em uma história central, mas que pode evoluir para caminhos secundários ou histórias derivadas. Por fim, saberemos quais os principais tipos de documentários, suas definições e aplicações.

4.1
Conceitos de documentarismo

Para que um filme possa ser considerado documentário, seria necessária sua "indexação ao real", segundo o professor Richard Romancini (2014).

Com o sucesso do cinema e com o passar dos anos e dos movimentos, é possível identificar o surgimento do documentário quase que como uma linguagem específica ou até mesmo como um movimento.

Nesse sentido, é fácil encontrarmos diversas definições para *documentário*. Essas definições mostram que se trata de uma forma bastante variável que pode apresentar diferentes linguagens, justamente porque suas características sofreram variações ao longo do tempo, sendo aprimoradas e adaptadas de acordo com a linguagem do cinema e, por último, pela própria linguagem da televisão.

O professor Fernão Pessoa, em seu livro *Mas afinal... o que é mesmo documentário?* (Ramos, 2008), descreve o surgimento dessa forma artística, nos anos 1930, com uma característica essencial: ser uma **obra de não ficção**. O autor busca respostas quanto à possibilidade de caracterizar especificamente o documentário como um gênero.

Afinal, é possível classificar ou até mesmo caracterizar o documentário como um gênero cinematográfico? Ou ele deve ser classificado à parte, por ter características próprias e que, muitas vezes, o assemelha às produções televisivas?

Importante!

O documentário surgiu com o próprio cinema, sendo usado como forma de linguagem, o modo de registrar a vida cotidiana da sociedade, das cidades. São registros únicos com o objetivo maior de simplesmente mostrar às pessoas o que elas não viam pessoalmente.

Penafria (1999, p. 1) descreve que "o cinema iniciou-se com o registro em imagens de momentos da vida cotidiana. O registro *in loco* dos acontecimentos do mundo e da vida das pessoas é a matéria base de um filme documentário".

Essa maneira única de contar histórias reais acaba por se misturar com o surgimento da televisão. Influenciado e influenciador, o documentário passa a fazer parte desse novo formato, agora com características e linguagens bem próprias. O fato é que a relação do documentário com a televisão aproximou dois modelos de comunicação e ofereceu ao primeiro a possibilidade de transitar por vários gêneros, inclusive o jornalístico, algo não muito comum no mundo cinematográfico.

Em seu livro *Gêneros televisivos e modos de endereçamento no telejornalismo*, Gomes (2011) analisa a força que o documentário ganhou ao longo de seu tempo de desenvolvimento, comparando a trajetória desse gênero com a da televisão.

> O *Globo Repórter*, visto numa perspectiva histórica, substituiu um modelo mais próximo do cinema e caminhou em direção à consolidação de um formato de documentário televisivo e jornalístico que se tornou padrão na Rede Globo. Esse padrão, por sua vez, permite falar de um modo de tratamento dos temas que independe do diretor ou mesmo do conteúdo do programa. [...] o *Globo Repórter* foi construindo um modo de endereçamento que se consolidou na passagem do documentário televisivo ao programa de grande reportagem e, daí, à articulação entre reportagem e entretenimento. (Gomes, 2011, p. 11)

A autora ainda acrescenta a relação direta entre o documentário e o cinema quando descreve a proximidade dos diretores cinematográficos com o documentário televisivo. Para Gomes (2011, p. 10-11), "o *Globo Repórter* tem seus anos iniciais marcados pela colaboração de vários cineastas, a maioria deles vindo de uma experiência com o Cinema Novo, o que representou uma aproximação pioneira entre o cinema, o cinema documentário e a televisão".

Embora exista uma relação direta entre o documentário, o cinema e a televisão, é preciso saber diferenciar essas produções. Nesse contexto, o professor Fernão Pessoa Ramos discorre mais profundamente sobre a principal diferença entre um documentário e uma produção televisiva, como a reportagem, por exemplo.

Ele compara diretamente a forma narrativa do que ele chama de *atualidades* daquela do documentário. Nesse ponto, é necessário entendermos a nomenclatura usada pelo autor. Para Ramos (2008, p. 58, grifo do autor), "o nome contemporâneo da forma narrativa 'atualidades' é *reportagem*".

Com base nessa definição, Ramos (2008) faz o comparativo entre *documentário* e *atualidades*. Para ele:

> A forma narrativa das atualidades e do documentário diverge historicamente. No caso do documentarismo inglês, existe o esforço para adensar o verniz artístico do enunciar asserções sobre o mundo através de imagens e sons. É através do tratamento criativo que os documentaristas vão criar uma nova arte que se diferencia das atualidades, que são apenas *footage*,

ou seja, o transcorrer do mundo impresso na película na posição de recuo completo do sujeito-da-câmera. [...] A nova forma narrativa que surge da matéria-prima das atualidades quer obter, em outro campo, o *status* artístico já conquistado pela narrativa clássica original. (Ramos, 2008, p. 57-58)

Outra descrição muito interessante é a da professora Cristina Teixeira Vieira de Melo (2002, p. 24), em seu artigo *O documentário como gênero audiovisual*:

O gênero documentário não pode ser definido a partir da presença de determinados enunciados estereotipados ou de tipos textuais fixos (narração, descrição, injunção, dissertação). No entanto, não temos dúvidas de que o documentário é um gênero com características particulares, e que são essas características que nos fazem apreendê-lo como tal. (Melo, 2002, p. 24)

Mas essa opinião não é unânime, pois há autores que defendem que o documentário pode estar relacionado a outros gêneros, bem como à sua linguagem. Nesse caso, Rondelli (1997) relata a inexistência de gêneros puros no que diz respeito à televisão e ao documentário, causando, assim, alguma imprecisão em uma possível classificação.

> No caso da televisão, os telejornais e documentários deveriam ser o reino dos discursos sobre o real, enquanto as telenovelas e seriados, o lugar da ficção. Entretanto, esses gêneros além de não serem puros no modo como narrativamente constroem suas representações, convivem com uma série de outros gêneros que transitam entre dois polos sem nenhum compromisso de serem fiéis ou coerentes com a realidade ou com a ficção, e que ficam mergulhados numa região cinzenta. (Rondelli, 1997, p. 152)

Somado a esses conceitos, tem-se também a inegável importância do documentário no desenvolvimento de novas linguagens cinematográficas e do que pode ser alcançado em termos de possibilidades de produção. Aliando o documentário aos formatos digitais, abrem-se portas para novas produções e há a possibilidade, assim, de levar esse gênero ao alcance de muitos espectadores.

4.2
A linguagem e a abordagem documental

No Capítulo 2, vimos que a linguagem é a maneira como "conversamos" com o público-alvo. Dessa forma, toda a produção é direcionada de modo que um filme "dialogue" com seu público e, de alguma maneira, cative-o, faça com que ele se interesse pelo que está assistindo. Essa identificação permite que o "autor" ou diretor do filme tenha a resposta esperada do público, seja o riso, seja o choro ou qualquer outro sentimento.

Contudo, o uso que se faz da linguagem no documentário é um pouco diferente – ou ao menos deveria ser. Isso acontece porque o objetivo inicial do documentário seria o de "documentar" o que está acontecendo, e isso, via de regra, não deveria ser manipulado pelo uso de linguagens específicas. Partimos, assim, para os conceitos mais práticos. Afinal, o documentário tem ou não tem diversos tipos de linguagem? E o que isso pode influenciar em sua definição?

Trabalhamos algumas dessas definições anteriormente, de modo que pudemos verificar que o documentário é levado a ter uma posição bem específica dentro da linguagem cinematográfica. Ele se utiliza de muitas das técnicas produtivas em suas composições, na decupagem, na edição, na finalização etc., mas, por outro lado, por definição, é esperado que nada disso influencie na captação da realidade dos fatos ou altere o que está sendo filmado. Difícil isso, não? Mesmo porque a própria edição das imagens pode alterar significativamente o contexto dos acontecimentos, gerando novas leituras e novas interpretações.

A construção e a linguagem de um documentário partem do princípio de como vamos abordar o público-alvo. Logicamente, caímos novamente no "dilema" da intervenção da realidade por meio de possíveis alterações do contexto durante o processo de produção, mas isso requer uma análise mais aprofundada, o que não faz parte do escopo desta obra.

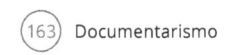

Importante!

O simples fato de dar início à produção de um documentário já indica que haverá, em alguma medida, alteração da realidade dos fatos. O ponto de vista do cinegrafista ou do fotógrafo e a condução de um depoimento ou de uma entrevista já são por si só interferências nos acontecimentos.

Penafria (2001, p. 2) corrobora essa afirmação ao sustentar que:

> A partir do momento em que se decide fazer um documentário, isso constitui já uma intervenção na realidade. É pelo facto de selecionar e exercer o seu ponto de vista sobre um determinado assunto que um filme nunca é uma mera reprodução do mundo. É impossível ao documentarista apagar-se. Ele existe no mundo e interage com os outros, inegavelmente. O fim último é apresentar um ponto de vista sobre o mundo e, o mais das vezes, mostrar o que sempre esteve presente naquilo para

onde olhamos mas que nunca vimos. O documentário tem por função revelar-nos (aos intervenientes e aos espectadores) o mundo em que vivemos.

Existe ainda um aspecto importantíssimo que também influencia na construção de uma linguagem documental. O público relaciona um documentário a algo ligado ao real, à verdade, e isso decorre da abordagem e da linguagem utilizada.

John Grierson é considerado um dos principais expoentes do documentarismo mundial oriundo da Inglaterra dos anos 1930. De acordo com ele (Grierson, 1954), uma das características principais de um documentário é o confronto entre o ponto de vista do autor e o resultado final da obra, ou seja, o olhar da câmera e o olhar de quem realiza. O autor ainda expõe os principais itens que caracterizariam um documentário ou uma abordagem documental.

Sousa (2016), em seu texto *Cinema documental: de onde vem o documentário?*, resume os três princípios básicos citados por Grierson. São eles:

1 – A obrigação de se fazer um registro in loco da vida das pessoas e dos acontecimentos do Mundo;

2 – A apresentação dos temas deve ser organizado [sic] segundo um ponto de vista;

3 – O realizador tem a responsabilidade de tratar com criatividade o material recolhido, combinando e misturando essas imagens com outro material. (Sousa, 2016)

Preste atenção!

Sousa (2016) ressalta, ainda, que o *off* como característica principal da voz narrativa de um documentário também é relacionado por Grierson, o que muitas vezes leva o espectador a confundir um documentário com uma reportagem televisiva.

Para além dos itens relacionados por Grierson, podemos, ainda, destacar outras características marcantes de um documentário:

- a dramatização da história, com criação de personagens;
- a existência de começo, meio e fim;
- o poder revelador, pelo fato de que não se mostra apenas o problema, mas também as possíveis soluções;
- a abordagem de problemas sociais.

4.3
O documentarismo e a ficção

O documentário é construído ao longo de um extenso processo produtivo que envolve diversas etapas, desde a pesquisa, passando pela elaboração do roteiro e pelas gravações, até a edição e a finalização. Embora essas etapas não se desenvolvam necessariamente nessa ordem, a linguagem e o formato que o documentário terá só são definidos ao final de todo o processo, com a gravação das imagens, a captura dos depoimentos, a edição e a finalização. Outro detalhe de grande importância está relacionado com os personagens do documentário e com o que será captado: muitas vezes, o caráter da "realidade" dos fatos pode alterar planejamentos, roteiros e linguagens, fazendo com que o que era esperado seja radicalmente alterado.

Penafria (1999) descreve essa imprevisibilidade e a relaciona diretamente com as personagens reais da história documentada ou os "intérpretes" que darão sua versão dos fatos. Os possíveis relatos e diálogos que poderiam ser previstos podem sofrer alterações drásticas, de acordo com esses depoimentos.

Isso só confirma o caráter, até certo ponto imprevisível, de um documentário, que pode se manifestar em várias das etapas da produção. Por outro lado, o documentário possibilita a utilização de formatos diversos, tanto em sua produção quanto na própria forma de expressão ou linguagem. É possível a utilização de uma personagem central que "apresenta" a história ou locuções em *off*, assim como a produção de um documentário cujo tema é explorado unicamente recorrendo-se a depoimentos para transmitir as informações desejadas. Há, ainda, documentários baseados em fotos, diálogos dramatizados com atores, apresentação de documentos, locais históricos, entre outros – ou seja, a lista de formas de linguagem e de como contar uma história no formato de documentário é extensa.

Mesmo com essa pluralidade, uma coisa é certa: independentemente da forma, o público espera que a veracidade dos fatos seja a tônica do documentário. Além disso, espera-se que os registros visuais e sonoros sejam feitos no próprio local dos fatos, descartando-se, assim, a utilização de cenários construídos ou artificiais. É claro que isso não exclui a possibilidade de reconstrução de fatos em outros locais, desde que essa escolha fique clara na linguagem e na estrutura narrativa do documentário.

Sendo assim, diante da necessidade da veracidade dos fatos, da autenticidade dos locais, dos depoimentos claros e verossímeis, de que modo a ficção poderia entrar no mundo dos documentários? Essa relação é possível?

Para Brasil (2011, p. 15), essa é uma questão que exige uma análise detalhada das formas e das linguagens dos documentários:

Se por um lado parece fácil situar tempo e espaço; definir, classificar e compreender as questões de gênero fílmico pode ser uma tarefa muito delicada. É possível contrapor ficção e documentário como gêneros distintos no fazer fílmico? Sem dúvida há uma diferença entre ambos, mas talvez "gênero" não seja a distinção mais adequada. Se a resposta fosse positiva, por que nas classificações de gênero não se encontram os filmes de ficção, mas os de ação, drama, terror, suspense, eróticos, infantis etc., e documentários? Não seria a exclusão desta última palavra o indicativo de um consenso de que todos os filmes sejam ficções, e que documentário seria apenas mais um dos gêneros ficcionais?

John Grierson definia o documentário como uma representação da realidade e que, por isso, deveria agir como um meio ou uma forma de expor ideias. Isso impossibilitaria um cineasta de se dedicar aos dois produtos simultaneamente: o documentário e o filme.

Ramos (2008, p. 22) indica alguns tópicos que apontam para a diferença entre o documentário e a ficção:

> Ao contrário da ficção, o documentário estabelece asserções ou proposições sobre o mundo histórico. São duas tradições

narrativas distintas, embora muitas vezes se misturem. O fato de autores singulares explicitamente romperem os limites da ficção e do documentário não significa que não possamos distingui-los. [...] Diferenças entre documentário e ficção, certamente, não são da mesma natureza das que existem entre répteis e mamíferos. Lidamos com o horizonte da liberdade criativa de seres humanos, em uma época que estimula experiências extremas e desconfia de definições. [...] na tradição narrativa documentária podemos vislumbrar uma história na qual alguns traços estruturais são recorrentes, formando períodos.

Fazendo um comparativo ainda mais analítico, pode-se estabelecer que todo filme é de ficção e todo documentário tem compromisso expresso com a realidade.

De todo modo, a linguagem que divide os dois gêneros deve ser bem definida, diferenciando as propostas. É claro que a ficção acaba se utilizando das formas documentais para criar suas fantasias, e isso acaba fazendo parte das opções e ferramentas das linguagens utilizadas.

4.4 Produção, direção e edição de documentários

A produção de um documentário se desenvolve partindo de um argumento, que pode ser baseado em fatos reais. É importante partirmos dessa premissa para darmos prosseguimento a este capítulo. Para deixarmos esse ponto mais claro, propomos que você acompanhe o passo a passo do processo de produção de um documentário.

:: **1º passo: criação da ideia**
O documentário se desenvolve tendo como eixo uma história central, que, no caso específico de um documentário, será baseado em fatos, hipóteses ou acontecimentos.

Inicialmente, a estrutura da história é baseada em uma "espinha dorsal", mas é possível também derivarmos os caminhos da história em trilhas e histórias secundárias que se relacionam com a ideia principal.

Esse tipo de narrativa é bem mais complexa do que uma história que podemos chamar de *tradicional* e deve ser construída com muito cuidado, pois a possibilidade de perda do foco é muito grande. Isso faria com que a história principal perdesse a atratividade ou mesmo a coerência inicialmente apresentada.

Essa é a fase da pesquisa, quando se detecta a possibilidade real de um determinado assunto se tornar (ou não) tema de um documentário. Nessa etapa inicial do processo de produção, também são apresentados e relacionados as personagens, as entrevistas e os depoimentos.

:: 2º passo: criação do roteiro

A principal característica de um roteiro de documentário é ser aberto, ou seja, não são escritas as falas das personagens, os diálogos, os depoimentos ou as entrevistas, mas são relacionadas as sugestões de pautas e perguntas, os temas a serem abordados em possíveis entrevistas. Todo o conjunto de informações coletadas na pesquisa é utilizado para se estabelecer o fio condutor, que guiará o assunto, criando a estrutura narrativa. Já não estamos mais no ponto de partida, mas sim no decorrer do processo produtivo. Nesse sentido, a forma e a linguagem utilizadas já devem estar praticamente definidas.

Nessa fase, também é importante determinar a relação de imagens a serem gravadas, os sons, as possíveis artes gráficas a serem criadas, enfim, os elementos audiovisuais que serão utilizados.

Preste atenção!

Entendemos por *elementos audiovisuais* todos os materiais em vídeo, imagens estáticas (fotos, gráficos, desenhos etc.), som ambiente ou contextual, trilha sonora e voz.

:: **3º passo: captura das imagens e dos sons**

Essa é a fase em que a execução começa a ser colocada em prática. Baseada no planejamento prévio, é o momento da saída a campo para a gravação das imagens, das entrevistas, dos depoimentos, dos sons ambientes e contextuais.

Essa fase precisa ser bem planejada, principalmente no que se refere à logística de transporte, uso de equipamentos para a gravação, equipe de produção etc.

A liberdade na estética visual é característica nos documentários, portanto, o tipo e a categoria dos equipamentos utilizados são bastante variados. Vão desde equipamentos profissionais, utilizados nas produções da televisão e do cinema, até a utilização de *smartphones* ou câmeras *pocket*, sem tripés ou iluminação especial em produções mais simples.

O importante é que o resultado obtido seja compatível com a linguagem escolhida, sem prejuízos para o objetivo final, e que alcance seu público-alvo.

:: 4º passo: direção

Dirigir um documentário pode ser uma tarefa bem diferente da direção de um filme ou de um programa de TV. Embora o diretor tenha o papel de conduzir os trabalhos e a produção, ele também precisa ter o cuidado em não interferir a ponto de alterar a realidade do assunto abordado, mantendo-se fiel a esta. O trabalho técnico deve ser cuidadoso e ter a preocupação de ser o menos invasivo possível.

A direção também é a responsável por criar e manter a linguagem durante a produção. Nas entrevistas, deverá decidir se o entrevistador aparecerá ou não e como serão feitas as perguntas. É preciso conduzir a entrevista sem interferir no conteúdo e na ideia central ou alterar os objetivos traçados.

:: 5º passo: edição

O processo de edição de um documentário praticamente não difere das demais edições de obras cinematográficas. O que vai definir a linguagem e o ritmo da edição é o processo de minutagem e decupagem das imagens e dos sons, ou seja, a escolha correta das imagens que serão utilizadas e em que ordem e tempo elas serão inseridas. Essa etapa envolve o encaixe, as deixas de cada depoimento ou entrevista, os cortes secos, os efeitos de transição e o trabalho com as entrevistas, eliminando erros, interferências e possíveis problemas que possam ter aparecido durante a gravação, tanto das imagens quanto dos sons.

É também no processo de edição que são inseridos os filtros de imagens, alguns efeitos de vídeo e de sons, além de possíveis tratamentos.

:: 6º passo: finalização

O processo de *finalização*, como o próprio nome sugere, é a parte em que todos os acabamentos são inseridos ou executados.

São inseridas as artes gráficas, se existirem, assim como tabelas, textos, caracteres, legendas e até mesmo a sonorização, se for necessário. Trata-se da etapa em que tudo é checado, finalizado e, então, preparado para que o documentário seja exportado para a mídia escolhida.

:: 7º passo: compartilhamento

É a fase da exportação dos arquivos, quando eles são compatibilizados com o formato da exibição. A exportação pode acontecer num formato específico para a televisão, para a internet e seus vários formatos ou mesmo para DVD, *blu-ray* etc.

4.5
Roteiro

Todo documentário precisa de um roteiro. Dependendo de seu tipo e da linguagem utilizada, o formato do roteiro também mudará.

Em um documentário em que o comportamento das "personagens" é espontâneo e até mesmo imprevisível, não há controle sobre a cena, de modo que o resultado das gravações pode ser incerto. Nesse roteiro, deve-se apenas indicar o que se espera que as pessoas digam, prevendo de modo superficial as cenas a serem gravadas. Não são previstos os movimentos de câmera nem as tomadas e os planos a serem executados. O som é gravado ao natural, sob a influência dos sons que o ambiente oferece. Isso faz com que o diretor assuma um papel ainda mais importante, pois a decisão de tudo o que será feito deverá ser tomada ali, no momento em que os fatos acontecem.

Em contrapartida, quando o documentário sugere um comportamento específico às pessoas, tendo falas e cenas montadas e simulações de cenas reais, o controle sobre toda a produção se torna maior. Consequentemente, existe a possibilidade de prevermos grande parte do que acontecerá. Em casos como esse, o roteiro será completo e irá abranger quase todas as etapas da produção. Será necessário prever e escrever as falas, os diálogos, as ações dos personagens e até mesmo os planos e as tomadas de câmera. A iluminação será controlada e o som captado com a máxima qualidade possível. Sim, isso se parece com a produção de um filme, em que tudo é previsto e calculado com antecedência.

A seguir, elencamos algumas dicas importantes para a criação de um roteiro:

- As palavras podem expressar algo que as imagens não são capazes de traduzir, por isso, na hora de escrever um roteiro, pense na possibilidade e na viabilidade real de elas serem transformadas em imagens. De nada adianta escrever uma cena belíssima e complexa se ela não for possível de ser gravada.
- A ordem da gravação nem sempre é a ordem real dos fatos, mas, dependendo do tipo do documentário, as cenas podem acontecer a qualquer momento, quase de maneira imprevista. Assim, a atenção de toda a equipe é fundamental para que nada escape aos "olhos" da câmera.
- É importante ter referências. Se você quer começar a produzir documentários, assista a tantos quantos puder. Procure estilos e linguagens diferentes, estude e descubra aqueles que mais lhe agradam e os que mais se adequam à temática escolhida.

4.6
Tipos de documentários

Desde sua "invenção", os documentários foram sendo adaptados e modificados de acordo com as linguagens criadas, os assuntos, as limitações da produção e o desenvolvimento da tecnologia. Nichols (2005) enumera seis tipos de documentário, os quais diferem entre si na construção dos roteiros, na produção, nos formatos e nas linguagens.

Observe, contudo, que é possível encontrar mais de um desses tipos em um mesmo documentário, dependendo do diretor ou cineasta e de sua intenção.

∴ Tipo poético

Esse tipo de documentário se alinha com os ideais modernistas de representação da realidade por meio da fragmentação. Dessa forma, não existe obrigatoriedade com a linguagem linear ou qualquer preocupação com a localização no espaço e no tempo. Essa forma utiliza o mundo histórico como matéria-prima para dar "integridade formal e estética peculiar ao filme" (Nichols, 2005, p. 141).

Um exemplo que podemos relacionar a esse tipo de documentário é *Ilha das flores*, de 1989, dirigido e roteirizado por Jorge Furtado.

∴ Tipo expositivo

O expositivo é um dos tipos de documentário mais comuns e difundidos, além de ser o mais reconhecido pelo público, pois é o mais exibido nos canais de televisão. Sua principal característica é a linguagem argumentativa, que se relaciona com trechos históricos. Sempre com locução em *off*, as imagens complementam o que o texto narra.

Para exemplificarmos esse tipo de documentário, podemos relacionar *Por que lutamos?*, produzido e dirigido entre 1942 e 1943 por Frank Capra e o Departamento de Guerra dos Estados Unidos.

∴ Tipo observativo

É o tipo de documentário feito com pequenas câmeras, ou mesmo aparelhos celulares, com o objetivo principal de captar a cena sem exercer qualquer interferência sobre os acontecimentos. A chamada *câmera na mão* e a falta de legendas ou narração proporciona ao telespectador uma visão dos acontecimentos como se ele estivesse ali presente.

Um exemplo para ilustrar esse tipo de documentário é *Juízo*, de 2007, dirigido por Mari Ramos.

∴ Tipo participativo

Nesse tipo de documentário, a participação do cineasta é evidente ao público, pois ele aparece constantemente nas cenas e seu ponto de vista conduz a narrativa e a linguagem. É comum o uso de entrevistas nas quais, muitas vezes, o cineasta é o entrevistador.

Como exemplo para ilustrar esse tipo de documentário temos *Casas marcadas*, de 2012, dirigido por Carlos R. S. Moreira, Alessandra Schimite, Adriana Barradas, Ana Clara Chequetti, Éthel Oliveira e Juliette Lizeray.

∴ Tipo reflexivo

No documentário do tipo reflexivo, os procedimentos da realização são mostrados e, muitas vezes, os participantes, as personagens, emitem suas opiniões. Pode haver uma interação entre os participantes problematizando o trabalho. Dessa forma, "O lema segundo o qual um documentário só é bom quando seu conteúdo é convincente é o que o modo reflexivo do documentário questiona" (Nichols, 2005, p. 163).

Um exemplo desse tipo de documentário é o *Super Size Me: a dieta do palhaço*, de 2004, dirigido por Morgan Spurlock.

∴ Tipo performático

No tipo performático, a subjetividade do autor é explicitamente exposta. Dessa maneira, levantam-se questões sobre o que é conhecimento. Pode haver uma combinação do real com o imaginário, de acordo com a complexidade do cineasta e da linguagem utilizada, fazendo com que, muitas vezes, esse seja um documentário autobiográfico.

Podemos exemplificar esse tipo de documentário com *33*, dirigido e produzido por Kiko Goifman, entre 2001 e 2002.

Perguntas & respostas

Quais são os três princípios básicos do documentarismo?

De acordo com Sousa (2016), em seu texto *Cinema documental: de onde vem o documentário?*, os três princípios básicos citados por Grierson são:

1 – A obrigação de se fazer um registo in loco da vida das pessoas e dos acontecimentos do Mundo;
2 – A apresentação dos temas deve ser organizado [sic] segundo um ponto de vista;
3 – O realizador tem a responsabilidade de tratar com criatividade o material recolhido, combinando e misturando essas imagens com outro material.

Quais são as melhores dicas para a produção de um roteiro para documentários?

- A ordem da gravação nem sempre é a ordem real dos fatos, mas, dependendo do tipo do documentário, as cenas podem acontecer a qualquer momento, quase de maneira imprevista. Por isso, a atenção de toda a equipe é fundamental para que nada escape aos "olhos" da câmera.

- As palavras podem expressar algo que as imagens não são capazes de traduzir, ou seja, na hora de escrever um roteiro, pense sempre nas imagens, na possibilidade e na viabilidade de elas serem filmadas. De nada adianta escrever uma cena belíssima e complexa se não for possível gravá-la.

- Muitas imagens falam por si só; então, dê sempre preferência para que a imagem transmita tudo o que ela "tem a dizer".

- É importante ter referências. Se você quer começar a produzir documentários, assista a tantos quantos puder, procure estilos e linguagens diferentes, estude e descubra os tipos que mais lhe agradam e os que mais se adequam a determinado tipo de assunto.

A edição é um processo que se aplica à produção de qualquer produto audiovisual, seja um filme, seja um programa de televisão, seja um documentário. Quais são as diferenças entre a edição de um documentário e a feita em outros formatos? O processo de edição de um documentário praticamente não difere das demais edições. O que vai definir a linguagem e o ritmo da edição é o processo de minutagem e decupagem das imagens e dos sons, ou seja, a escolha correta de todas as imagens que serão utilizadas e em que ordem e tempo elas serão inseridas. O encaixe, as deixas de cada depoimento ou entrevista, os cortes secos, os efeitos de transição, a edição propriamente dita das entrevistas, eliminando erros, interferências e possíveis problemas que possam ter aparecido durante a gravação, tanto das imagens quanto dos sons. É também no processo de edição que são inseridos os filtros de imagens, alguns efeitos de vídeo e de sons, e possíveis tratamentos.

Síntese

Neste capítulo, você pôde compreender o que é um documentário e entender sua estrutura, seus conceitos e sua criação, assim como sua linguagem e seus diferentes tipos de abordagem de um assunto, relacionando-os com a ficção.

Mostramos também que o documentário está diretamente ligado à origem da televisão e que suas características influenciam diversos formatos televisivos, o que permite que um documentário transite entre o cinema, a televisão e o vídeo.

Apresentamos ainda como é feita a produção de um documentário, relacionando etapas como a direção, a edição e a finalização. Vimos que a produção desse gênero se desenvolve em torno de um argumento, que pode ser baseado em fatos reais, e que a estrutura narrativa pode ser focar unicamente em uma história principal ou utilizar-se de histórias secundárias para ilustrar e enriquecer o enredo central.

Analisamos os sete passos que envolvem a produção de um documentário, compreendendo o que cada um deles abrange, assim como sua importância na estrutura geral. Outro ponto abordado foi a questão do roteiro, que, dependendo do tipo de documentário, exige mudanças no formato. Por fim, mostramos os principais tipos de documentários, suas principais características e finalidades.

Exercícios resolvidos

1. Como são construídos os documentários?

Resposta: Os documentários são construídos por meio de um extenso processo produtivo, e esse processo envolve diversas etapas, desde a pesquisa, passando pelo roteiro e pelas gravações, até a edição e a finalização. Essas etapas não se desenvolvem necessariamente nessa ordem, mas independentemente do itinerário que sigam, a linguagem e o formato que o documentário terá só serão definidos ao final de todo o processo, com a gravação das imagens, a captura dos depoimentos, a edição e a finalização. Outro detalhe de grande importância são as personagens do documentário e o que será captado. Muitas vezes o caráter da "realidade" dos fatos pode alterar planejamentos, roteiros e linguagens, fazendo com que o planejado seja radicalmente alterado.

2. A produção de um documentário se desenvolve em torno de um argumento, que pode ser baseado em fatos reais. Quais são os sete passos da produção de um documentário?

Resposta: 1) criação da ideia; 2) criação do roteiro; 3) captura das imagens; 4) direção; 5) edição; 6) finalização; e 7) compartilhamento.

3. O documentário tem ou não diversos tipos de linguagem? E o que isso pode influenciar em sua definição?

Resposta: Primeiramente, devemos definir *documentário*. De acordo com a definição do professor Richard Romancini (2014), trata-se de um formato difícil de ser definido de maneira consistente e geral. Para esse autor, o principal critério para a classificação de um filme como documentário seria a "indexação ao real", ou seja, o princípio básico de um documentário seria o da documentação da realidade que está sendo filmada. Mas também existem outros pontos de vista, como o de Rondelli (1997, p. 152), que aponta para a inexistência de gêneros puros no que concerne à televisão e ao documentário, causando, assim, alguma imprecisão em uma possível classificação.

Considerando algumas definições, podemos analisar e verificar que o documentário acaba sendo levado a ter uma posição bem específica na linguagem cinematográfica pois ele se utiliza de muitas das técnicas produtivas, como composições, decupagem, edição, finalização etc.; por outro lado, por definição, é esperado que nada disso influencie na captação da realidade dos fatos ou altere o que está sendo filmado. No entanto, considera-se que a própria edição das imagens pode modificar significativamente o contexto dos acontecimentos, gerando novas leituras e novas interpretações.

A construção da linguagem de um documentário parte do princípio de como abordar o público-alvo. Logicamente, recai-se no "dilema" da intervenção na realidade causada por possíveis alterações do contexto durante o processo de produção. É importante levarmos em consideração que, desde o início da produção de um documentário, a realidade dos fatos já poderá estar sendo alterada. O ponto de vista do cinegrafista ou do fotógrafo ou a condução de um depoimento ou de uma entrevista já são, por si só, interferências nos acontecimentos.

4. Entre as etapas de produção de um documentário está a da direção. Defina o que é feito nessa etapa ou nesse "passo".

Resposta: Dirigir um documentário pode ser uma tarefa bem diferente da direção de um filme ou de um programa de TV. Embora o diretor tenha um papel de condução dos trabalhos e da produção, ele também precisa ter o cuidado em não interferir a ponto de alterar o assunto ou a abordagem fiel à realidade dos fatos. O cuidado técnico deve ser o maior possível, mas com a preocupação de ser o menos invasivo possível.

A direção também é a responsável por criar e manter a linguagem durante a produção. Nas entrevistas, deverá decidir se o entrevistador aparecerá o não, como serão feitas as perguntas, conduzindo a entrevista sem interferir no conteúdo e na ideia central e sem alterar os objetivos traçados.

···

Questões para revisão

1. Qual é a relação entre o documentarismo e a ficção? E qual a diferença entre eles?

2. Discorra sobre a diferença entre reportagem e documentário.

3. O documentário se desenvolve tendo como eixo uma história central, que, no caso específico desse gênero, será baseada

em fatos, hipóteses ou acontecimentos. Inicialmente a estrutura da história se baseia em uma "espinha dorsal" apoiada na história central, mas é possível também que haja histórias secundárias que se relacionam com a central. Esse tipo de narrativa é bem mais complexa que uma história que podemos chamar de *tradicional* e deve ser construída com muito cuidado, pois a possibilidade de perda do foco é muito grande, fazendo com que a história principal perca a atratividade ou mesmo a coerência. Essa é a descrição de qual fase ou "passo" da produção de um documentário?

a) Criação da ideia.
b) Criação do roteiro.
c) Captura das imagens.
d) Direção.
e) Edição.

4. Desde sua "invenção", os documentários foram sendo adaptados e modificados de acordo com as linguagens criadas, os assuntos pertinentes à época, as limitações da produção e o desenvolvimento da tecnologia. Neste capítulo, estudamos seis tipos de documentário que apresentam diferenças na construção dos roteiros, na produção, nos formatos e nas linguagens, embora esses tipos possam não estar sozinhos em um único documentário. Quais das afirmativas a seguir indicam exemplos de tipos de documentários?

I) Tipos poético, expositivo e observativo.

II) Tipos participativo, reflexivo e performático.

III) Tipos analógico, digital e de alta definição.

Agora, assinale a alternativa que apresenta as afirmativas corretas:

a) I e III.

b) I e II.

c) II e III.

d) III, apenas.

e) II, apenas.

5. Como vimos neste capítulo, existem diferentes tipos de documentários. Com base nessa diversidade, assinale a alternativa correta:

   a) *Expositivo* é o tipo de documentário feito com pequenas câmeras, ou mesmo *smartphones*, com o objetivo principal de captar a cena sem exercer qualquer interferência sobre o acontecimentos. A chamada *câmera na mão* e a falta de legendas ou narração proporcionam ao telespectador uma visão dos acontecimentos como se ele estivesse presente

   b) *Reflexivo* é o tipo de documentário que se relaciona aos ideais modernistas de representação da realidade por meio da fragmentação. Dessa forma, não existe a obrigatoriedade de uma linguagem linear ou qualquer preocupação com a localização no espaço e no tempo. Essa forma utiliza o mundo histórico como matéria-prima para, de acordo com Nichols (2005, p. 141) dar "integridade formal e estética ao filme".

c) *Performático* é o tipo cuja a subjetividade do autor é explicitamente exposta e levanta questões sobre o que é conhecimento. Pode haver uma combinação do real com o imaginário, conforme a complexidade do cineasta e a linguagem utilizada, tornando-se, muitas vezes, um documentário autobiográfico. Nos documentários desse tipo, a intersubjetividade questiona um sujeito transcendental.

d) *Poético* é o tipo de documentário feito com pequenas câmeras, ou mesmo com aparelhos celulares, e tem como objetivo principal captar a cena sem exercer qualquer interferência sobre o acontecimentos. A chamada *câmera na mão* e a falta de legendas ou narração proporcionam ao telespectador uma visão dos acontecimentos como se ele estivesse presente.

e) *Observativo* é o tipo de documentário em que a participação do cineasta é evidente ao público, pois ele aparece constantemente nas cenas e seu ponto de vista conduz a narrativa e a linguagem. É comum o uso de entrevistas na quais, muitas vezes, o cineasta é o entrevistador.

Capítulo
05

Imagem digital e edição

Conteúdos do capítulo:

- Conceitos e definições de imagens.
- Evolução dos sistemas digitais.
- Características da estrutura digital.
- Diferença entre edição analógica e digital.

Imagem digital

Neste último capítulo, vamos abordar conceitos e definições de imagens, começando pelas analógicas e chegando às digitais. Vamos abordar a evolução dos sistemas digitais, seus formatos e a relação entre cinema e televisão. Apresentaremos as principais características da estrutura digital de uma imagem, assim como seu tamanho (*frame rate*) e seu fluxo (*bit rate*). Vamos também expor a diferença entre edição analógica e digital, seu histórico e quais as características dos equipamentos e *softwares* utilizados.

O principal objetivo deste capítulo é proporcionar a você os conhecimentos para escolher o sistema de imagens correto e a possibilidade de edição de acordo com as câmeras utilizadas e os *softwares* escolhidos, tendo em vista o objetivo determinado.

5.1
Imagem digital

Não é nenhuma novidade que o vídeo é parte integrante de nossas vidas; isso já acontece há bastante tempo.

Contudo, para entendermos o significado de uma imagem ou de um vídeo digital e, consequentemente, da edição digital ou não linear, temos de ter em mente que o vídeo é oriundo da televisão, o que nos permite afirmar que ele é fruto do desenvolvimento do cinema. Em outras palavras: temos o desenvolvimento do cinema e de sua tecnologia e, quase paralelamente, a partir de um determinado período da história, a evolução da televisão. Diante do enorme sucesso da televisão, do desenvolvimento e, posteriormente, da popularização dos equipamentos de vídeo, o vídeo passou a ser uma ferramenta de comunicação para as mais diferentes finalidades.

Desse modo, tanto a televisão quanto o vídeo se apropriaram de técnicas e conceitos do cinema e os adaptaram para novas realidades e linguagens, criando um veículo paralelo ao cinema, que continuou sua trajetória de sucesso e desenvolvimento. Em muitos momentos da história, alguns movimentos cinematográficos se misturaram a produções televisivas, como é o caso do movimento *nouvelle vague*, ou "nova onda", ocorrido durante a década de 1960, na França, e que chegou a ser confundido com um movimento especificamente da televisão.

Esse intercâmbio fez com que as linguagens e as formas de expressão entre o cinema e o vídeo muitas vezes se confundissem ou se misturassem, criando produtos que poderiam trafegar tranquilamente entre os dois canais.

Bentes (2007, p. 112) observa essa relação entre a linguagem do cinema e do vídeo utilizando-se da expressão *videoarte*:

> Hoje, a percepção da hibridação entre os meios é dominante, assim como sua dupla potencialização. É essa linha de continuidade que nos interessa. O vídeo aparecendo como

potencializador do cinema e vice-versa. Podemos destacar cineastas que, mesmo fazendo cinema, já trabalhavam com princípios (a não linearidade, a colagem, o "direto", a deriva) que se tornariam característicos da videoarte e da linguagem do vídeo. O cinema de Jean Luc Godard ou os procedimentos do cinema direto (para ficarmos nos anos 60) já traziam algumas dessas questões, caras ao novo meio e que iriam influenciar fortemente o moderno cinema brasileiro. Uma linha de continuidade entre cinema e vídeo bem mais longa pode ser traçada, principalmente se pensarmos em processos e procedimentos ao invés [sic] de suportes.

Voltando às imagens digitais ou ao vídeo digital, precisamos também contextualizar seu significado nos dias atuais.

É possível encontrar vídeos nos mais diversos lugares e em todas as formas de acesso e visualização. Basta acordar e pegar o *smartphone* e já estaremos empunhando uma câmera de vídeo.

Em grande parte das residências e em praticamente todos os condomínios existem câmeras de segurança que monitoram os ambientes 24 horas por dia. Nos transportes públicos, nas ruas, nas praças, nos restaurantes e nos cinemas, enfim, temos câmeras espalhadas por todos os lugares.

Com toda essa oferta de imagens, é normal esperar que muita gente queira trabalhá-las, ou seja, editá-las e, consequentemente, exibi-las. Aí entram vários tipos de *softwares* que oferecem diferentes níveis de complexidade de edição, também para todo o tipo de usuário, desde o mais amador até o mais profissional.

Plataformas como o YouTube, sucesso indiscutível já há vários anos, são como "canais de televisão particulares" a que todos têm acesso, por serem gratuitos e estarem a apenas alguns toques na tela.

Começaremos pelas imagens, entendendo os vários aspectos técnicos que influenciam a captação e a edição.

5.2
Pixels × imagens

Uma informação técnica importantíssima em relação às imagens digitais e que influenciará desde a escolha dos equipamentos até a edição, a finalização e a exibição é o significado da palavra *pixel*.

Importante!
....
Pixel é *picture* × *elements*, ou seja, um *pixel* é a menor área de cor na imagem de vídeo digital.
....

Diferentemente das câmeras fotográficas, que precisam de toda resolução espacial possível para capturar imagens capazes de serem impressas em grandes pedaços de papel, no vídeo existe um limite para a resolução espacial.

Para a STDV (TV de definição padrão norte-americana), esse limite é de 720 × 480 *pixels*; para a HDTV (TV de alta definição), é de 1920 × 1080; e há ainda o que chamamos de *HDV*, que pode ser de 1440 × 1080, 1440 × 720, 1280 × 1080 e 1280 × 720.

Então, poderíamos pensar que uma câmera STDV (720 × 480) não precisaria mais do que 345.600 *pixels* (720 × 480) e uma HD não exigiria mais do que 2.000.000 *pixels* (1920 × 1080). Na realidade, a contagem de *pixels* total varia consideravelmente, dependendo de quantos CCDs, Cmos e outros sensores a câmera tem.

Um exemplo importante: quando compramos uma câmera de vídeo, ela vem com a contagem de *pixels* total, por exemplo, 380.000 *pixels*, mas temos que saber quantos CCDs essa câmera contém. Esse valor de *pixels* é sobre cada CCD, ou seja, se a câmera tiver 3 CCDs, então ela tem uma contagem de *pixels* total de mais de 1.000.000 de *pixels* de resolução.

Preste atenção!

Charge-Couple Device (CCD) é um *chip* de percepção de imagens e de cores.

5.3
Sensor CCD

Se imaginarmos a câmera como um olho humano, o CCD é a retina. A lente da câmera focaliza a luz no *chip*, que gera um fluxo de impulsos elétricos. Esses impulsos são transformados em imagens, que são gravadas em um suporte – como um HD interno, um cartão de memória ou, até mesmo, para as câmeras mais antigas, uma fita digital.

Os CCDs "veem" apenas em tons de cinza. Para uma câmera capturar uma imagem em cores, ela precisa fazer três medições separadas para cada *pixel* na imagem final, uma para cada cor básica em vídeo: vermelho (R), verde (G) e azul (B). Para manter os custos baixos, algumas câmeras usam somente um CCD. Um minúsculo filtro cobre o sensor, que permite a passagem de apenas uma cor primária por vez.

Câmeras com 3 CCDs empregam um divisor de feixes de luz, um jogo de prismas e espelhos que separa o RGB ao mesmo tempo. Resumindo: 3 CCDs obtêm uma imagem mais viva, mais próxima da imagem real. É claro que toda imagem depende da iluminação a que ela é exposta, então, os resultados podem ser muito variados, dependendo da iluminação utilizada e do tipo de câmera e de sensor.

Essa combinação de elementos deve ser muito bem estudada pelo profissional para que ele possa adquirir o equipamento que mais se ajuste às condições de seu trabalho.

5.4
Sistemas digitais

As imagens digitais são produtos de desenvolvimento tecnológico e, como toda tecnologia, vivem em constante evolução. Cada empresa aposta no produto que desenvolveu, o que, muitas vezes, custou anos de pesquisas e investimentos.

As imagens digitais sofreram com a concorrência das empresas desenvolvedoras, desde seu surgimento, inundando o mercado com formatos e opções que, muitas vezes, não satisfaziam as mínimas necessidades de qualidade e praticidade.

Importante!
....

Além da qualidade, uma imagem digital, seja foto, seja vídeo, também tem de estar apta aos deslocamentos de seus dados, ou seja, ao fluxo de dados que a carregará da origem para seu destino. Isso se relaciona diretamente com a velocidade da internet, a qualidade da imagem, seu tamanho e, consequentemente, ao codec utilizado. Mais à frente, veremos mais detalhadamente o que é o codec e para que ele serve.
....

Vamos conhecer agora os principais formatos de imagens em vídeo.

∴ DV

O formato DV surgiu da união de esforços e pesquisas de várias empresas mundiais, como a Sony, a Phillips, a JVC e outras. No início dos anos 1990, esses grupos desenvolveram um formato prevendo sua utilização na futura TV digital, que também estava sendo desenvolvida.

Uma das grandes preocupações era criar um formato digital que tivesse compatibilidade com diversos tipos de equipamentos produzidos pelas diferentes empresas que compunham esse grupo.

Com isso, surgiu o sistema DV para atender a maioria das empresas. Outros formatos também apareceram, como o DVCAM, para atender a Sony, o DVPRO, para atender a Panasonic, e o Digital-S, para atender a JVC.

Nessa disputa pelo mercado, o formato DV acabou sendo o mais aceito, e as famosas Mini DV reinaram quase que absolutas em grande parte do mercado. O formato Mini DV acabou sendo o sucessor direto do vídeo analógico (SD ou *Standard Definition*), mantendo suas características técnicas (NTSC):

- *Frame size*: 720 × 480;
- *Frame rate:* 29,97 fps;
- *Aspect ratio:* 4:3 e 16:9.

O DVD trabalha com as mesmas características de imagem SD.

Preste atenção!

A imagem Mini DV ainda é uma imagem SD com todas as características desta, relacionadas anteriormente, embora seja um arquivo digital.

∴ HDV

O formato HDV (*High Definition Video* ou "vídeo de alta definição") acabou sendo relegado para a produção de vídeos pela demora na definição de qual seria realmente o formato da TV digital no Brasil. Muitas empresas produtoras de câmeras e equipamentos de vídeo acabaram desenvolvendo sistemas próprios na esperança de que muitos países os adotassem.

Sim, foi quase uma repetição das disputas pela popularização do VHS e do Betamax, no século passado, quando duas grandes empresas lançaram formatos apostando que o mercado os consumiria de maneira majoritária.

Naturalmente, em uma disputa, uns ganham e outros perdem. Voltando ao HDV, esse formato foi desenvolvido para suceder o formato convencional analógico (SD ou *Standard Definition*), levando a produção a uma nova era – a era da alta definição.

No entanto, o resultado não foi exatamente aquilo que o nome sugere. Embora seja um formato de alta definição, muito superior ao SD, o HDV não é Full HD, ou seja, não é o formato de alta definição que o Brasil adotou para a TV Digital.

As câmeras que gravam em HDV podem fazê-lo ainda em fitas (HDV) ou em cartões de memória e gravam as imagens com as seguintes características:

- *Frame size*: 1440 × 1080;
- *Frame rate*: 29,97;
- *Aspect ratio* – wide (*square pixel*)

É possível, ainda, gravar imagens em HDV com outros tamanhos, em outro *frame size*, mas o mais indicado é o que mencionamos.

É possível produzir discos de *blu-ray* com esse formato, embora não seja o formato "oficial" para isso.

∴ **Full HD**

O full HD é o formato oficial da TV digital brasileira, de alta definição (altíssima definição). É importante ressaltar que a palavra *full* é o que vai diferenciá-lo das imagens HD ou HDV. As câmeras que gravam esse formato utilizam cartões de memória ou HD interno, sendo também o formato apropriado para gerar discos de *blu-ray*.

As imagens têm as seguintes características:

- *Frame size*: 1920 × 1080;
- *Frame rate*: 29,97;
- *Aspect ratio* – wide (*square pixel*).

5.5
Codecs

Codec é a abreviatura de *compressor/descompressor*.

Não existe vídeo digitalizado sem o codec. É ele quem faz os cálculos e a codificação de uma imagem, transformando-a em um arquivo digital. Eles estão presentes em todos os lugares onde existam vídeos, seja nas câmeras, seja nos *players*, seja nos *softwares*. Podemos afirmar que vivemos uma relação de amor e ódio com ele.

A história do codec remonta aos anos 1980, com um projeto desenvolvido pelo MPEG (*Moving Picture Experts Group*). Esse projeto visava criar arquivos de vídeo com alta compactação para serem armazenados e reproduzidos nos mais diversos lugares (mas que ainda não existiam). Foi o primeiro passo para a possibilidade de ler vídeos em computadores e, posteriormente, em mídias móveis, como os Cds, DVDs, *blu-rays* e, agora, em celulares, *tablets*, *smartphones*, internet etc.

Esse desenvolvimento não parou mais, e hoje existem dezenas de formatos de arquivos, cada qual com uma finalidade diferente.

Cada codec cria um tipo de arquivo e nele deixa sua "assinatura", sua "marca", carregando algumas restrições para que outros codecs não o leiam. Essa intransigência digital acaba afetando diretamente quem trabalha com vídeos e, consequentemente, o público que os assiste.

Um vídeo criado por um codec obriga quem o assiste a ter o mesmo codec instalado. As câmeras também têm codec para que possam gerar os arquivos e os gravar nos cartões ou em suas memórias internas.

Para quem trabalha com vídeo, é preciso ter um cuidado redobrado, pois a escolha do codec errado na saída da edição (exportação) pode comprometer a qualidade de todo o trabalho.

O mesmo vale para a entrada da edição: a escolha do codec para a gravação e, consequentemente, para a edição exige atenção.

Assim, ao fim da edição, chega-se a uma nova etapa no trabalho, em que o produto final é convertido em um dos vários formatos possíveis, conforme o modo ou o local da exibição. Para isto, basta escolher o codec certo.

Entretanto, o mercado, ciente desses situações, também acaba criando soluções e codecs mais versáteis e tolerantes, a fim de resolver ou minimizar esse tipo de problema.

5.6
Edição

Editar, gravar ou simplesmente assistir a um vídeo tornou-se tarefa frequente em quase todos os lugares.

A capacidade dos dispositivos móveis (*smartphones* e *tablets*) de gravar com cada vez mais qualidade possibilitou a geração e a produção de vídeos com as mais diferentes finalidades, inclusive profissionais.

Não é raro ver adolescentes produzindo vídeos com qualidade profissional com um simples *smartphone* e, depois, disponibilizando-os para que milhares de pessoas os assistam em questão de horas.

Importante!

Editar não é apenas cortar uma imagem e colar na imagem seguinte. *Editar* é contar uma história utilizando imagens em vídeo, sons (voz, músicas, som ambiente), fotos, desenhos etc. Um bom editor é, antes de tudo, um bom contador de histórias.

O que acontece é que, atualmente, com o avanço tecnológico tanto dos equipamentos como dos *softwares*, um simples PC (preparado para a edição, é claro) dispõe de uma capacidade fantástica de produzir efeitos adicionais e especiais ao vídeo. O que antes era considerado pós-produção, ou finalização, muitas vezes é aplicado diretamente na edição devido às facilidades dos recursos e do usuário.

O que não se pode confundir é que, embora esse poder esteja presente em *softwares* como o Adobe Premiere, os efeitos especiais e animações (2D e 3D) continuam a fazer parte da finalização, ou *pós-produção*, e devem ser encarados, trabalhados e comercializados como tal.

5.7
Edição linear

Embora a edição linear esteja ultrapassada, é importante conhecermos seu processo e seus conceitos, afinal, a edição digital (feita em *softwares*) utiliza-se dos mesmos conceitos desta.

Essa operação consiste quase exclusivamente em cortar e colar. Com a edição, é possível corrigir erros e falhas, usar somente as cenas que ficaram melhores, remover tomadas repetidas e sem interesse, dar mais ritmo, mudar a ordem, acrescentar efeitos e legendas, enfim, melhorar a qualidade do vídeo.

Para fazer esse tipo de edição corretamente, são necessários, no mínimo, dois videogravadores e um monitor. Um dos aparelhos, que pode ser a própria câmera, chamado *play*, reproduzirá a fita com o material bruto. Um outro, chamado *rec* (*recorder*), gravará os trechos gerados pelo *play* em outra fita, produzindo a versão editada.

A edição é feita em fitas analógicas. As cenas são escolhidas na fita *play*, ou seja, na fita em que foram gravadas as imagens "matriz", ou seja, gravadas pela câmera.

Na fita *rec*, ou seja, na fita editada, ocorre a cópia da cena que foi escolhida e marcada na fita *play*. A fita editada nada mais é que uma cópia de trechos da fita matriz. É possível editar na própria câmera, no momento da gravação, porém esse processo não dá bons resultados.

Como a fita editada é uma cópia da fita matriz, ou original, sua qualidade tende a ser um pouco menor do que a da original. No entanto nos equipamentos profissionais, a diferença de qualidade é muito pequena, quase imperceptível.

Figura 5.1 – Edição linear

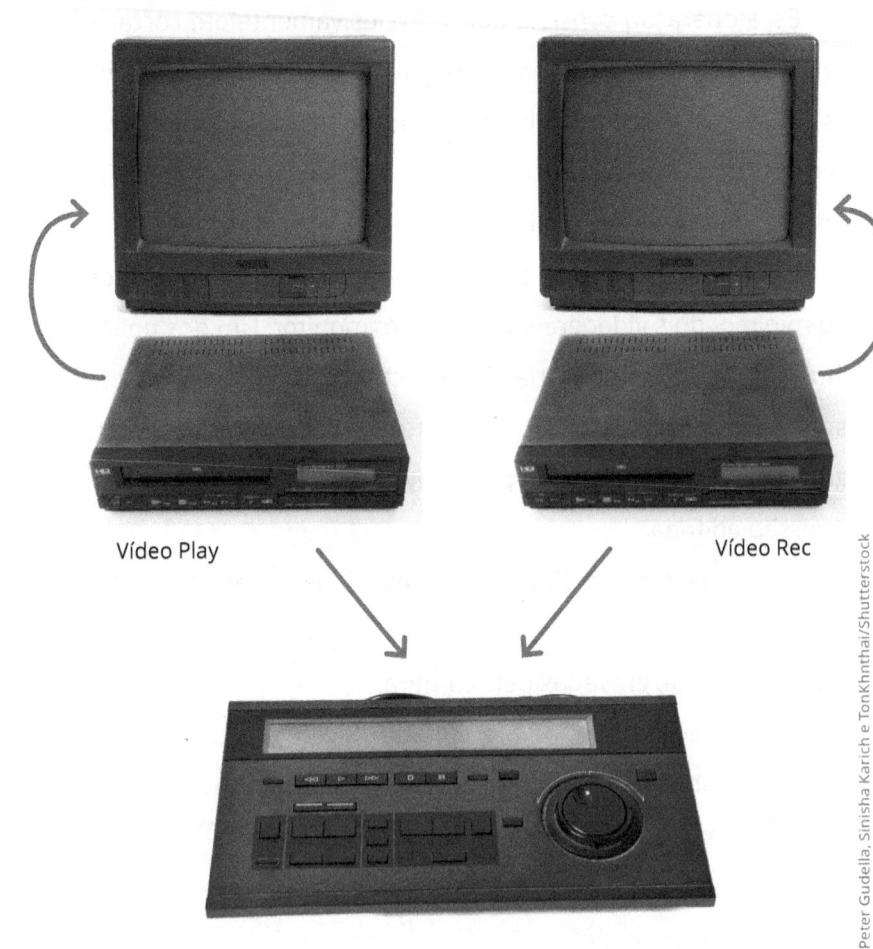

5.8
Edição não linear

Na edição não linear, as imagens gravadas na câmera são digitalizadas ou capturadas para dentro de um computador. É claro que esse computador precisa estar preparado para tal tarefa, tanto no que se refere ao *hardware* quanto ao *software*.

Feita a captura das imagens, o processo de edição de vídeo e áudio é praticamente todo digital. Depois de capturadas, as imagens são importadas para um *software* de edição, como o Adobe Premiere Pro, por exemplo, e poderão ser cortadas, coladas, preparadas, enfim, pode-se fazer quase tudo com elas.

Na edição não linear também é possível realizar praticamente todo tipo de trabalho de pós-produção e finalização, como a aplicação de efeitos de vídeo, áudio, desenhos em 2D e 3D etc.

Existem vários *softwares* de edição não linear pagos e outros gratuitos.

Os *softwares* pagos mais conhecidos e utilizados são Adobe Premiere CC, Final Cut Pro X, DaVinci Resolve, Avid Media Composer, Sony Vegas Pro e Edius.

Já os *softwares* gratuitos mais conhecidos e utilizados são Movie Maker, IMovie, Lightworks, WeVideo e Avidemux.

Figura 5.2 – Edição não linear

Bem, é claro que toda a atual popularidade do audiovisual tem um preço. Temos uma avalanche de produções que, em sua maioria, não primam por qualquer técnica ou qualidade.

O simples fato de se ter acesso a todos os recursos que relacionamos até aqui não significa que haverá diretores, cinegrafistas, roteiristas e iluminadores em profusão. Ainda precisamos de toda a técnica e o conhecimento que levarão à produção de um filme de qualidade, tecnicamente adequado aos objetivos preestabelecidos, sejam eles um simples *hobby*, sejam uma obra profissional.

Não pense que bastam apenas uma ideia na cabeça e uma câmera na mão; é preciso muito estudo e muita dedicação.

Perguntas & respostas

O que é CCD?

CCD é um sensor que transforma a imagem em pulsos eletromagnéticos, que são gravados na fita de vídeo. Esses sensores são responsáveis pela captação das cores e do preto e branco.

Qual é a definição de *codec*?

Codec é a abreviatura de *compressor/descompressor*. É ele quem faz os cálculos e a codificação de uma imagem, transformando-a em um arquivo digital. Eles estão presentes em todos os lugares onde existam vídeos, seja nas câmeras, seja nos *players*, seja nos *softwares*.

Síntese

Neste capítulo, pudemos ver a definição de *pixel*, de sensor CCD e de codec. Definimos, ainda, o que são e quais são os sistemas digitais. Vimos que editar é mais do que simplesmente cortar uma imagem e juntá-la à imagem seguinte, pois fazer esse encadeamento exige competência técnica. Por fim, diferenciamos edição linear de edição não linear. A primeira acontece quando as cenas são escolhidas na chamada *fita play*, ou seja, na fita "matriz" em que foram gravadas as imagens. As imagens gravadas na câmera são "coladas" ou copiadas na fita *rec*, ou seja, na fita editada. Já na edição não linear, as imagens gravadas na câmera são digitalizadas ou capturadas para um computador.

Exercícios resolvidos

1. Qual a diferença entre edição não linear e edição linear?

Resposta: Na edição não linear, as imagens gravadas na câmera são digitalizadas ou capturadas para dentro de um computador. Depois de capturadas, as imagens são importadas para o *software* de edição, como o Adobe Premiere Pro, e poderão ser cortadas, coladas, preparadas, enfim, pode-se fazer quase qualquer coisa com elas.

Já na edição linear, as cenas são escolhidas na chamada *fita play*, ou seja, a fita na qual foram gravadas as imagens "matriz", ou seja, as imagens gravadas na câmera. Na fita *REC*, ou seja, na fita editada, será copiada a cena que foi escolhida e marcada da fita *play*. A fita editada nada mais é que uma cópia de trechos da fita matriz.

2. O que é codec?

Resposta: O codec faz os cálculos e a codificação de uma imagem, transformando-a em um arquivo digital. Não existe vídeo digitalizado sem o codec. Ele está presente em todos os lugares onde existam vídeos, seja nas câmeras, seja nos *players*, seja nos *softwares*.

Questões para revisão

1. *Editar* não é apenas cortar uma imagem e colá-la na imagem seguinte. *Editar* é contar uma história utilizando imagens em vídeo, sons (voz, músicas, som ambiente), fotos, desenhos etc. Um bom editor é, antes de tudo, um bom contador de histórias. Diante disso, defina *edição linear* e descreva esse processo.

2. Os CCDs "veem" apenas em tons de cinza. Para uma câmera capturar uma imagem em cores, ela precisa fazer três medições separadas para cada *pixel* na imagem final, uma para cada cor básica no vídeo: vermelho (R), verde (G) e azul (B). Para manter os custos baixos, algumas câmeras usam somente um CCD. Um minúsculo filtro cobre o sensor, que permite a passagem de apenas uma cor primária por vez. O CDD é um sensor importante para a captura de imagens digitais. Como podemos resumir seu funcionamento?

3. O que é *pixel*?

   a) *Picture × elements*, ou seja, um *pixel* é a menor área de cor na imagem de vídeo digital.

   b) É um minúsculo filtro que cobre o sensor e permite a passagem de apenas uma cor primária por vez.

   c) É um formato que surgiu da união das empresas Sony, Philips, Toshiba, Hitachi, JVC, Sanyo, Sharp, Thompson, Mitsubishi e Panasonic, que formaram, no final de 1993, um grupo de desenvolvimento de tecnologia de suporte para televisão digital, o que abrange desde a captação até o armazenamento das imagens (gravação e edição).

   d) *Pixel* é a abreviatura de *compressor/descompressor*.

   e) Todas as alternativas anteriores estão incorretas.

4. "As imagens gravadas na câmera são digitalizadas ou capturadas para um computador". Essa é a definição de:

   a) Documentário.

   b) Edição não linear.

   c) Edição linear.

   d) CCD.

   e) HDV.

5. Podemos definir vídeo analógico como:
   a) Formato de vídeo que armazena imagens em um formato binário, o mesmo utilizado pelo computador.
   b) Dispositivo que permite mudar o enquadramento.
   c) Formato de vídeo resultante da gravação eletrônica de imagens por meio de sinais de frequência variada, em fita magnética.
   d) Dispositivo digital de algumas câmeras que permite sobrepor textos ou desenhos à imagem gravada.
   e) Novo padrão de vídeo criado pela Sony, que também é compatível com os sistemas analógicos 8mm e Hi8.

Estudo de caso

O objetivo deste Estudo de caso é a produção de um documentário, sendo o tema escolhido: "a vida dos refugiados no Brasil."

Vamos, então, percorrer todos os passos da produção de um documentário, levando em consideração os sete passos de produção estudados.

∴ 1º passo – Pesquisa e planejamento

O primeiro passo é a pesquisa, em que a ideia será validada. É necessário verificar todas as possibilidades e a viabilidade da ideia em relação à complexidade do assunto (informações acessíveis e verídicas). Nesse momento do trabalho, será necessário realizar um levantamento sobre todos os pontos de abordagens possíveis e começar a identificar e a escolher as opções de linguagens que o documentário poderá ter.

Na pesquisa, será identificada e criada a "espinha dorsal" da história, ou seja, serão definidos seus personagens, possíveis locais de gravação, previsão de imagens, artes etc.

Note que ainda estamos na fase inicial, na qual os caminhos serão determinados, mas é importante que a profundidade desse planejamento forneça subsídios sólidos para que os próximos passos sejam feitos com qualidade e precisão.

Também nessa fase devem ser feitos os orçamentos de produção, isto é, o levantamento de todos os custos necessários para a execução de toda a obra. Se for necessário, esse é o momento de captar recursos financeiros para a viabilização dos custos.

Uma das opções para se obter financiamentos para as produções é por meio da Agência Nacional do Cinema (Ancine), órgão oficial do Governo Federal. Trata-se de uma Agência Reguladora, com sede na cidade de Brasília, cujo objetivo é fomentar, regular e fiscalizar a indústria cinematográfica e videofonográfica nacional.

A seguir, apresentamos um exemplo de planilha detalhada da Ancine referente ao "Acompanhamento da execução, projetos de produção de obra de ficção ou documentário".

Figura A – Planilha de custos para documentários – Ancine

FORMULÁRIO DE ACOMPANHAMENTO DA EXECUÇÃO
PROJETOS DE PRODUÇÃO DE OBRA DE FICÇÃO OU DOCUMENTÁRIO
ORÇAMENTO DETALHADO
Seção II do Capítulo V da IN n° 125/2015

ancine

Este formulário deve ser usado por projetos que foram aprovados antes de maio de 2012 ou que tiveram sua Análise Complementar aprovada de 2012 a 2015.

Tipo de formulário: [Selecione]

A) IDENTIFICAÇÃO DO PROJETO

Título:	Salic:	N° de contrato FSA, se houver:
Produtor:	Diretor:	Roteirista:

Tipologia da obra: [Selecione]	Formato: [Selecione]	Duração Prevista:
Capítulos:	Duração dos capítulos:	Duração total:	Obra Derivada? [Selecione]
Suporte de Captação: [Selecione]	Suporte Cópia Final: [Selecione]	Veiculação Inicial: [Selecione]	Utiliza Formato? [Selecione]

Sinopse (caso tenha sido alterada):

B) OUTROS PROJETOS RELATIVOS À MESMA OBRA APROVADOS/EM APROVAÇÃO

| Projeto de desenvolvimento: [Selecione] | Salic/Sanfom: | Projeto de distribuição: [Selecione] | Salic/Sanfom: | Fomento direto*: |

*FSA, Edital de Coprodução, PAR, PAQ, entre outros.

C) IDENTIFICAÇÃO DO PROPONENTE

| Razão Social: | CNPJ: | N° do Registro na ANCINE: |

D) EMPRESAS COPRODUTORAS OU COEXECUTORAS NACIONAIS OU INTERNACIONAIS:

E) FONTES DE FINANCIAMENTO DO PROJETO

Fonte de Recursos	Valores Aprovados	Valores Captados (listar todas as fontes de financiamento já viabilizadas, como editais, contratos particulares, recursos próprios, coproduções, etc. mesmo as parcelas ainda não recebidas)	Valores Liberados/Disponibilizados (listar os valores efetivamente disponibilizados para o projeto, seja em conta de movimentação ou serviços prestados)	Valores Solicitados, se for o caso
Artigo 1° – Lei 8.685/1993				
Artigo 1°-A – Lei 8.685/1993				
Artigo 3° - Lei 8.685/1993				
Artigo 3°-A – Lei 8.685/1993				
Artigo 18 – Lei 8.313/1991				
Artigo 25 – Lei 8.313/1991				
Inciso X, Art. 39 - MP 2228-1/2001				
Art. 41 - MP 2228-1/2001 (Funcines)				
PAR ANCINE (ano):				
PAQ ANCINE (ano):				
FSA (linha/ano):				
FSA (linha/ano):				
FSA (linha/ano):				
Leis Municipais:				
Leis Estaduais:				
Outros Editais Públicos:				
Outros Editais Privados:				
Editais Internacionais:				
Outras Fontes:				
Outras Fontes:				
Outras Fontes:				
Contrapartida				
Total Brasil	R$ 0,00	R$ 0,00	R$ 0,00	R$ 0,00
Coprodução Internacional				
Total	R$ 0,00	R$ 0,00	R$ 0,00	R$ 0,00

Observações/Comentários/Eventuais fontes de financiamento que não estejam incluídas acima (informar eventuais apoios, acordos e licenciamentos, anexando os respectivos contratos).

(continua)

(Figura A – continuação)

F) CRONOGRAMA DE PRODUÇÃO E EXECUÇÃO FÍSICA DO PROJETO
Quantidade de pessoas contratadas para o projeto até o momento: ☐

Desenvolvimento	Tamanho da Equipe Envolvida:	Local(is) de Realização:
Etapa Concluída: [Selecione] Data Início: Data Fim:		

Entende-se como Desenvolvimento a etapa inicial do processo, quando são definidas as bases artísticas, jurídicas, financeiras e técnicas do projeto audiovisual, incluindo as atividades necessárias para a preparação do mesmo. Considera-se objeto desta etapa a elaboração do roteiro e projeto inicial da obra.

Descrever as ações executadas / a serem realizadas, conforme cronograma de produção, detalhando as modificações no desenho de produção, quando houver, e justificando as alterações propostas:

Pré-Produção	Tamanho da Equipe Envolvida:	Local(is) de Realização:
Etapa Concluída: [Selecione] Data Início: Data Fim:		

Entende-se como Preparação/Pré-Produção a etapa em que as definições do projeto "saem do papel", através de ações realizadas com a finalidade de tornar possível a fase de produção propriamente dita. Considera-se objeto desta etapa a preparação técnica do roteiro e das filmagens.

Descrever as ações executadas / a serem realizadas, conforme cronograma de produção, detalhando as modificações no desenho de produção, quando houver, e justificando as alterações propostas:

Produção e Filmagens	Tamanho da Equipe Envolvida:	Local(is) de Realização:
Etapa Concluída: [Selecione] Data Início: Data Fim:		

Entende-se como Produção e Filmagens a etapa em que são produzidas as "matérias-primas" da obra audiovisual, quase sempre consistindo na captação de imagens e sons, incluindo as atividades de desprodução, pré-filmagens ou filmagens adicionais. Considera-se objeto desta etapa o material filmado.

Descrever as ações executadas / a serem realizadas, conforme cronograma de produção, detalhando as modificações no desenho de produção, quando houver, e justificando as alterações propostas:

Pós-Produção	Tamanho da Equipe Envolvida:	Local(is) de Realização:
Etapa Concluída: [Selecione] Data Início: Data Fim:		

Entende-se como Pós-produção a etapa de preparação, seleção e tratamento do material captado, com vistas à finalização da obra audiovisual. Considera-se objeto desta etapa a cópia final da obra.

Descrever as ações executadas / a serem realizadas, conforme cronograma de produção, detalhando as modificações no desenho de produção, quando houver, e justificando as alterações propostas:

Comercialização/Difusão	Tamanho da Equipe Envolvida:	Local(is) de Realização:
Etapa Concluída: [Selecione] Semestre de lançamento:		

Entende-se como Comercialização/Difusão a etapa final do processo, orientada à veiculação da obra e ao cumprimento das finalidades artísticas e comerciais do projeto. Não são admitidas despesas referentes à comercialização em projetos de produção.

Descrever as ações executadas / a serem realizadas, conforme cronograma de produção, detalhando as modificações no desenho de produção, quando houver, e justificando as alterações propostas:

(Figura A - continuação)

G) EXECUÇÃO ORÇAMENTÁRIA E DE DESENHO DE PRODUÇÃO

<u>Observação</u>: Os marcos de acompanhamento do projeto, conforme previstos nos Arts. 63 e 64 da IN n° 125/2015, são momentos nos quais a proponente deve atualizar as informações de execução e de desenho de produção do projeto, podendo submeter eventuais alterações a avaliação por parte da ANCINE. Projetos que já tenham redimensionado o orçamento ou alterado, em Formulários de Acompanhamento anteriores, o valor total do orçamento, não poderão solicitar alterações que impliquem em novas mudanças de valor total do orçamento.

Formulários enviados para fins de prorrogação extraordinária não devem conter solicitações de alteração orçamentária.

Em caso de coprodução internacional, anexar o orçamento completo de coprodução, conforme modelo específico.

Itens		Descrição dos Itens	Valor aprovado	Total executado	Qtde de Unid/s solicitada (se for o caso)	Unidade solicitada (se for o caso)	Qtde Item solicitada (se for o caso)	Valor Unitário Item solicitado (se for o caso)	Total solicitado (se for o caso)
1		Desenvolvimento de Projeto	0,00	0,00					0,00
1.1		Roteiro	0,00	0,00					0,00
	1.1.1								0,00
1.2		Pesquisa	0,00	0,00					0,00
	1.2.1								0,00
2		Pré-Produção	0,00	0,00					1,00
2.1		Equipe	0,00	0,00					1,00
	2.1.1	Produtor			1,00	mês	1,00	1,00	1,00
	2.1.2	Diretor			1,00	mês	1,00		0,00
	2.1.3	Ass. Produção			2,00	semana	1,00		0,00
2.2		Alimentação	0,00	0,00					0,00
	2.2.1								0,00
2.3		Hospedagem	0,00	0,00					0,00
	2.3.1								0,00
2.4		Passagens Aéreas	0,00	0,00					0,00
	2.4.1								0,00
2.5		Transporte	0,00	0,00					0,00
	2.5.1								0,00
2.6		Despesas de Produção	0,00	0,00					0,00
	2.6.1								0,00
3		Produção e Filmagem	0,00	0,00					0,00
3.1		Equipe	0,00	0,00					0,00
	3.1.1								0,00
3.2		Elenco Principal	0,00	0,00					0,00
	3.2.1								0,00
3.3		Elenco Coadjuvante	0,00	0,00					0,00
	3.3.1								0,00
3.4		Elenco Secundário	0,00	0,00					0,00
	3.4.2								0,00
3.5		Figuração	0,00	0,00					0,00
	3.5.1								0,00
3.6		Cenografia	0,00	0,00					0,00
	3.6.1								0,00
3.7		Figurino	0,00	0,00					0,00
	3.7.1								0,00
3.8		Maquiagem	0,00	0,00					0,00
	3.8.1								0,00
3.9		Equipamento	0,00	0,00					0,00
	3.9.1								0,00
3.10		Material Sensível	0,00	0,00					0,00
	3.10.1								0,00
3.11		Laboratório	0,00	0,00					0,00
	3.11.1								0,00
3.12		Alimentação	0,00	0,00					0,00
	3.12.1								0,00
3.13		Transporte	0,00	0,00					0,00
	3.13.1								0,00
3.14		Passagens Aéreas (trecho)	0,00	0,00					0,00
	3.14.1								0,00
3.15		Hospedagem (locais)	0,00	0,00					0,00
	3.15.1								0,00
3.16		Despesas de Produção	0,00	0,00					0,00
	3.16.1								0,00
4		Pós-Produção	0,00	0,00					0,00
4.1		Equipe	0,00	0,00					0,00
	4.1.1								0,00
4.2		Material sensível	0,00	0,00					0,00
	4.2.1								0,00
4.3		Laboratório de imagem	0,00	0,00					0,00
	4.3.1								0,00
4.4		Estúdio de som / efeitos sonoros	0,00	0,00					0,00
	4.4.2								0,00
4.5		Edição de imagens / som	0,00	0,00					0,00
	4.5.1								0,00
4.6		Letreiros/ créditos	0,00	0,00					0,00
	4.6.1								0,00
4.7		Efeitos de imagem / som	0,00	0,00					0,00
	4.7.1								0,00
4.8		Música original	0,00	0,00					0,00
	4.8.1								0,00
4.9		Direitos autorais de obra musical	0,00	0,00					0,00
	4.9.1								0,00

(Figura A - conclusão)

4.10		Acessibilidade	0,00	0,00				0,00
	4.10.1							0,00
4.11		Alimentação	0,00	0,00				0,00
	4.11.1							0,00
4.12		Transporte	0,00	0,00				0,00
	4.12.1							0,00
4.13		Passagens Aéreas (trecho)	0,00	0,00				0,00
	4.13.1							0,00
4.14		Hospedagem (locais)	0,00	0,00				0,00
	4.14.1							0,00
5		**Despesas Administrativas**	**0,00**	**0,00**				**0,00**
5.1		Advogado	0,00	0,00				0,00
	5.1.1							0,00
5.2		Aluguel de base de produção	0,00	0,00				0,00
	5.2.1							0,00
5.3		Contador	0,00	0,00				0,00
	5.3.1							0,00
5.4		Controller	0,00	0,00				0,00
	5.4.1							0,00
5.5		Cópias e Encadernações	0,00	0,00				0,00
	5.5.1							0,00
5.6		Correio	0,00	0,00				0,00
	5.6.1							0,00
5.7		Depto. Pessoal/Auxiliar Escritório	0,00	0,00				0,00
	5.7.1							0,00
5.8		Material de Escritório	0,00	0,00				0,00
	5.8.1							0,00
5.9		Mensageiro / Courrier	0,00	0,00				0,00
	5.9.1							0,00
5.10		Secretaria	0,00	0,00				0,00
	5.10.1							0,00
5.11		Telefone	0,00	0,00				0,00
	5.11.1							0,00
6		**Tributos e Taxas**	**0,00**	**0,00**				**0,00**
6.1		Encargos Sociais (INSS/ FGTS)	0,00	0,00				0,00
	6.1.1							0,00
		Total de Produção	**0,00**	**0,00**				**1,00**
7		**Comercialização**	**0,00**	**0,00**				**0,00**
7.1		Equipe de Lançamento	0,00	0,00				0,00
	7.1.1							0,00
7.2		Assessoria de imprensa	0,00	0,00				0,00
	7.2.1							0,00
7.3		Material de divulgação	0,00	0,00				0,00
	7.3.1							0,00
7.4		Mídia (rádio, tv, impressa)	0,00	0,00				0,00
	7.4.1							0,00
7.5		Produção trailer, avant-trailler, teaser	0,00	0,00				0,00
	7.5.1							0,00
7.6		Cópias (obra, trailer, avant-trailer, teaser)	0,00	0,00				0,00
	7.6.1							0,00
7.7		Tradução e legendagem	0,00	0,00				0,00
	7.7.1							0,00
7.8		Transporte	0,00	0,00				0,00
	7.8.1							0,00
7.9		Passagens Aéreas (trecho)	0,00	0,00				0,00
	7.9.1							0,00
7.10		Hospedagem	0,00	0,00				0,00
	7.10.1							0,00
7.11		Alimentação	0,00	0,00				0,00
	7.11.1							0,00
7.12		Eventos (pré-estréias, cabine de imprensa)	0,00	0,00				0,00
	7.12.1							0,00
7.13		Produção para outras mídias	0,00	0,00				0,00
	7.13.1							0,00
8		**Gerenciamento (até 10% do somatório dos itens 1 a 6)**	**0,00**	**0,00**				**0,00**
9		**Agenciamento e colocação (limite 10%)**	**0,00**	**0,00**				**0,00**
9.1		Agenciamento (até 10% da soma do art 1ºA e Lei n. 8.313/91)							0,00
9.2		Colocação (até 10% do art. 1º)							0,00
		Total Geral	**0,00**	**0,00**				**R$ 1,00**

H) RELAÇÃO DE DOCUMENTOS A SEREM ANEXADOS (cumulativos para etapas realizadas), caso não tenham sido enviados anteriormente

Em qualquer etapa: Cópia do extrato atual da conta de movimentação e aplicação financeira (se houver) e comprovações das atividades já realizadas, para as etapas ainda em execução.
Para projetos com etapa de Desenvolvimento finalizada/em realização: Cópia do último tratamento do roteiro; relatório resultante de pesquisa e/ou projeto de
Para projetos com etapa de Pré-Produção finalizada: Cópia de Plano de filmagem ou Ordem do Dia
Para projetos com etapa de Produção e Filmagens finalizada/em realização: Relação da equipe técnica e elenco; cópia de trabalho da obra ou amostra do material filmado, que possibilite observar os aspectos do Desenho de Produção (elenco, arte, locações, etc.)
Para projetos com etapa de Pós-Produção em realização: Corte atual da obra.
Para projetos com etapa de Pós-Produção finalizada: Cópia final da obra ou amostra do material finalizado, que possibilite observar os aspectos do Desenho de Produção (elenco, arte, locações, efeitos, trilha sonora, etc.)
Para projetos com etapa de Comercialização finalizada: Cópia final da obra; amostras do material de divulgação e promoção do lançamento da obra.

Em caso de alteração nos valores aprovados para itens orçamentários, encaminhar as justificativas para as alterações propostas.
Em caso de Redimensionamento do orçamento, além das justificativas, encaminhar novo roteiro, sinopse ou demais parâmetros, quando houver proposição de reformulação do projeto técnico pactuado.

Nessas planilhas, é possível observar o grau de detalhamento que deve ser feito para a produção de documentários.

∴ 2º passo – Roteiro

Essa é a fase da criação propriamente dita do roteiro. Ele será escrito com base nas informações obtidas na fase anterior.

Devemos fazer a previsão de entrevistas, sonoras, depoimentos, além das imagens a serem gravadas e que vão fazer com que o documentário ganhe forma.

É importante prever o tempo total do documentário, que, no nosso caso, será de 20 minutos. O roteiro é um produto complexo, pois ele deve informar o máximo possível de detalhes, como falas, enquadramentos e posicionamento de câmera.

Nesse trabalho, vamos determinar quais personagens serão entrevistados, quais perguntas deverão ser feitas a eles e quanto tempo deverão ter as respostas.

∴ 3º passo – Captura ou captação das imagens

Essa é a fase prática da produção. Nesse momento, faremos a captação das imagens previstas no roteiro.

É importante ter em mãos o roteiro para sabermos quais imagens e depoimentos deverão ser capturados, os endereços com os locais, a agenda programada e, além de tudo isso, um *checklist* de todos os equipamentos necessários para os trabalhos.

Esta é a nossa lista:

- 2 câmeras;
- 2 tripés;
- 2 jogos de microfones de lapela;
- 1 microfone de mão;
- Baterias reserva para a câmera;
- Pilhas reserva para os microfones;
- Cabos de áudio;
- 2 iluminadores de led;
- 2 tripés para iluminadores;
- 1 drone;
- 2 baterias reserva para drone;
- 2 rebatedores;
- *Cases* para transporte de equipamentos.

∴ **4º passo – Direção**

Nessa etapa, a direção do documentário é o principal foco. Vamos seguir tudo o que foi planejado no roteiro e, se não for possível executar algo, o diretor precisará encontrar uma solução para a situação.

É preciso dirigir a equipe de cinegrafistas, iluminadores e todos os demais envolvidos na produção.

∴ 5º passo – Edição

Essa é a fase em que é preciso assistir a todas as imagens para que a edição seja realizada da melhor maneira possível. A decupagem vai definir quais imagens serão utilizadas e em quais ordens.

O editor vai seguir o roteiro e a linguagem determinada e construir a edição de acordo com as determinações da direção.

∴ 6º passo – Finalização

Nessa fase, faremos todas as inserções de artes, fotos, desenhos, gráficos, sonorização e trilha sonora. Enfim, todos os detalhes de "acabamento" do vídeo serão executados.

∴ 7º passo – Compartilhamento

Terminada a edição e a finalização, agora é a fase da exportação do produto pronto, finalizado. Serão escolhidos formatos específicos para as possíveis exibições, como o MPG4 ou algum outro formato adequado para o YouTube ou para a exibição na televisão.

Para concluir...

A evolução do cinema se confunde com a caminhada do ser humano nos séculos XX e XXI. Desde seu início, o cinema conta histórias baseadas na vida e no cotidiano. Para isso, cria, misturando a ficção com a realidade.

E foi assim que essa história começou: com o registro do cotidiano, da família e da cidade na qual viviam, tudo sendo narrado pelas novíssimas lentes e sob o olhar dos inventivos e visionários irmãos Lumière. Depois disso, as tramas foram sendo desenvolvidas e aprimoradas, e a maneira como eram narradas passou por uma grande evolução por meio de Georges Méliès e seu talento teatral.

Muito foi mostrado no cinema, inclusive a história sendo registrada no exato momento em que acontecia. Às vezes, os olhares não eram tão fiéis assim, mas retratavam o ponto de vista de quem estava por trás das câmeras. O cinema não só documentou tendências e modas como também as ditou. Surgiram novos figurinos, novos hábitos, novas maneiras de se comportar.

Afinal, até que ponto o cinema contava a história da vida sem influenciá-la? Se podemos dizer que nossos costumes são registrados pela grande tela, vemos que ela também provoca a disseminação de outros hábitos: nela, a vida se mistura.

O que, muitas vezes, o restante do mundo ignorava, temas sufocados por grandes forças que poderiam estar ocultas, os movimentos cinematográficos trouxeram à luz, sucedendo e descrevendo os acontecimentos. O mundo foi evoluindo enquanto o cinema o acompanhava, ora na mesma velocidade, ora mais lentamente para registrar outros rumos. Houve momentos em que o cinema até mesmo se adiantou e mostrou o futuro de um modo que nem sequer imaginávamos que poderia existir.

Detalhes e histórias à parte, o cinema integra um importante segmento da sociedade, gera empregos e riquezas, cria profissões, integra cursos de graduações e especializações, muitas vezes apoiado na academia, outras vezes na própria arte que ele constrói. Nesse sentido, é indiscutível sua importância para a cultura, para o registro e para a documentação dos fatos e das histórias.

Neste livro, você pôde acompanhar um pouco de sua trajetória e evolução, além de conhecer os principais movimentos que deram voz a muitas pessoas que precisavam ser ouvidas.

Mostramos brevemente a complexa técnica que envolve uma produção cinematográfica e também os produtos que dela foram derivados, como é o caso dos documentários. Vimos que esse formato presidiu o próprio nascimento do cinema e utilizou de suas formas para crescer. Contudo, com o passar dos anos, ganhou independência e começou a caminhar sozinho, criando também seus próprios tipos e linguagens.

Nesse panorama, o documentário se tornou peça fundamental para o registro da história, das tendências, do cotidiano, do próprio desenvolver da humanidade. Ele se mesclou com o cinema e se transformou em um parceiro fiel no registro do tempo.

Trouxemos ainda um último apontamento, a respeito da era digital, afinal, passamos por uma nova mudança, agora ainda mais drástica, mas que possibilita o acesso à produção cinematográfica ou documental a muitos que ainda não tinham tido oportunidade de sentir seu gosto. Em suma, a era digital colocou o cinema e o documentário mais próximos de quem gostaria de produzi-los, mas se via impossibilitado de fazê-lo por diversos motivos, principalmente financeiros.

O fato é que o cinema faz parte do cotidiano de muitas pessoas, contando nossa história e documentando nossa trajetória. Desse modo, finalizamos esta obra com uma pergunta que muito provavelmente poucos terão a resposta: Até onde o cinema vai chegar?

É viver para ver, ou melhor, para assistir.

Glossário
de termos técnicos[1]

A

À disposição (O/C): Membro do elenco ou equipe designado para trabalhar no dia, mas sem horário de chamada no cenário.

Abby Singer: A penúltima tomada no dia.

Abertura: Tamanho da abertura da lente usada para controlar a exposição; íris.

Ação: Termo utilizado para dar início às gravações ou filmagens, na TV ou no cinema.

Ação direta: Linha do tempo na qual o roteiro se desenvolve, de forma linear.

Ação dramática: Somatória da vontade da personagem, da decisão e da mudança.

Act-break: Ponto em uma história de vídeo com uma pausa para inserção de comerciais.

Adaptação: Mudança de linguagem ou maneira de se contar uma história, adequando-a de acordo com o meio; por exemplo: a adaptação de um livro para que ele se torne um filme.

---

1 Baseado em Machado (2019), Fazendo... (2019) e Dancyger (2007).

ADR (Substituição do diálogo sincronizado): Gravação de diálogo sincronizado na pós-produção; dublagem.

***Air date*:** Data da transmissão agendada para um programa de televisão aberta ou a cabo.

Alívio de tensão: Técnica de instalação na qual os cabos são enrolados ou presos para evitar que os conectores se separem se alguém puxar ou tropeçar no cabo.

Amostragem de cor: O processo de converter sinais RGB analógicos em sinais digitais.

Ângulo alto: Câmera posicionada de modo a focalizar a cena, a pessoa ou o objeto de cima para baixo.

Ângulo baixo: Câmera posicionada de modo a focalizar a cena, a pessoa ou o objeto de baixo para cima.

Ângulo plano: Câmera posicionada de modo a focalizar a cena, a pessoa ou o objeto no mesmo plano horizontal.

Antecipação: Quando a plateia se antecipa aos acontecimentos de uma cena.

Antipatia: Reação negativa à personagem.

AR: Distância entre um a cena a ser gravada e o microfone.

Área de título segura: Área retangular dentro de um quadro de vídeo para posicionamento de títulos, a fim de evitar corte na borda durante a exibição ou a projeção.

Argumento: História que se deseja narrar, descrita de forma compacta, objetiva, sem diálogos mas com a informação de tempo (quando) e de lugar (onde).

Artefato: Anomalia visual, como um ruído de vídeo ou um erro de digitação.

Assemble: O mesmo que *montagem*. É o processo de edição que consiste em montar eletronicamente as imagens na ordem definida pelo roteiro do vídeo.

Asset: Qualquer clipe ou arquivo que possa ser gravado em DVD.

Ator diarista: Ator cujos serviços são contratados para um dia de filmagem específico.

Áudio: Se refere ao som de um filme ou outro produto audiovisual. Pode ser o som ambiente, a trilha sonora, vozes ou sons contextuais.

Áudio dub: Função do módulo de gravação da câmera que possibilita a inserção de sons ou músicas sobre as imagens, substituindo o som originalmente gravado.

Autofocus: Recurso presente nas câmeras que regula automaticamente o foco.

Autoração: Preparação de um programa máster para saída em DVD.

AVI: Iniciais de *Audio Video Interleave*. Trata-se de um conjunto de diferentes formatos de arquivos de vídeo.

B

Back-end: Qualquer renda de distribuição de um filme além do rendimento da bilheteria nacional.

Bin: Uma pasta usada para agrupar e armazenar clipes de DV.

Bit rate: Também conhecido como *data rate*, indica o volume de dados transferidos a cada segundo em um fluxo de áudio ou vídeo.

Bloqueio: Os movimentos do ator em cena.

Botão: Efeito visual ou sonoro que pontua o final de uma ação ou cena; símbolo gráfico em um menu de tela que indica uma seleção de usuário.

Braço: *Crane* armado em uma *dolly*.

Breakout box: Junção de *hardware* entre uma placa de edição de vídeo e monitores digitais e analógicos.

Browser: Uma janela que exibe um diretório dos clipes capturados.

C

Cabeça: O mecanismo no topo do tripé ou *dolly* que segura a câmera e permite que ela seja movida.

Cache: Área de armazenamento temporário na memória de um computador, no disco ou em ambos.

Cadência: Na escrita, atuação ou edição, uma mudança de humor ou intenção de um ator dentro de uma cena; também significa uma pausa momentânea no ritmo.

Calço de acessório: Suporte em uma câmera para fixar holofotes ou microfones.

Campo: Um dos dois grupos de linhas de varreduras horizontais (as linhas ímpares ou as linhas pares) que compõem um quadro de uma imagem de vídeo.

Câmera objetiva: Quando a câmera se posiciona em um ponto de vista que não é o de nenhuma personagem, como se fosse o de uma terceira pessoa.

Câmera subjetiva: Quando a câmera se posiciona sob o ponto de vista da personagem.

Capa: Folha de rosto do roteiro, que contém título, nome do autor e *e-mail*.

Capítulo: Uma única sequência contínua do material de vídeo em um DVD.

Captura de vídeo: Processo de conversão de um sinal de vídeo transmitido por uma câmera ou um reprodutor para dentro de um computador.

CCD (*Charge Coupled Device*): Sensor que transforma a imagem em pulsos eletromagnéticos, que são gravados na fita de vídeo. As câmeras podem ter um, dois ou três CCDs. As câmeras de dois CCDs utilizam um dos sensores para processar a imagem em preto e branco (sinal de luminância) e outro para processar as cores (sinal de crominância). As câmeras de três CCDs usam cada sensor para processar as três cores (vermelho, verde e azul). As com um CCD fazem a imagem atravessar um filtro chamado *mosaico* para que as três cores e o sinal de luminância sejam processados por um único sensor.

Cena: É um conjunto de ações ou planos gravados ou filmados que se desenvolvem no mesmo lugar, ou seja, fazem parte de uma mesma sequência.

Cena máster: Quando toda a cena é gravada de uma única vez, sem cortes.

Cenas do próximo capítulo: Pistas, indícios do que está para acontecer, pequenas revelações do encaminhamento da ação. Essas pequenas insinuações constituem verdadeiros trunfos das emissoras de TV, pois servem para prender o telespectador à narrativa. O recurso foi ignorado na década de 1960, mas atualmente as emissoras voltaram a usar essa técnica para não perder audiência.

Cenário: No roteiro, é uma descrição da área onde acontece a ação.

Cenografia: Prática ou técnica de criar cenários de filmes, TV ou teatro.

Chicote: Deslocamento lateral rápido de uma câmera durante a gravação de uma cena.

Cinematografista: O membro da equipe responsável principalmente pelos aspectos técnicos da iluminação e da fotografia ou videografia; algumas vezes chamado de *diretor de fotografia* (DP), mesmo se a produção for em vídeo.

Cinescópio: Processo pelo qual um filme é fotografado enquanto é exibido em uma tela de TV.

Claquete: Pequeno quadro de giz ou marcador para registrar o número da cena do *take*, segurado em frente à lente a fim de marcar o início de um *take* para o editor e batido para estabelecer a sincronia.

Clichê: Expressão verbal utilizada repetidamente até se tornar cansativa.

Cliff-hanger: Finalização não resolvida; técnica de trama usada para manter o interesse do espectador durante o intervalo comercial.

Clipe: Pequena sequência de vídeo que pode ser montada com outras para formar um filme.

Clímax: Ponto de maior tensão na história.

CMYK: Modelo de cor usado em filme e impressão, composto de quatro cores: ciano (*cian*), magenta (*magenta*), amarelo (*yellow*) e preto (*black*).

Cobertura: O processo de fazer um conjunto completo de tomadas para uma determinada cena, de modo que o editor tenha todos os ângulos de que possa precisar.

Codec: Abreviação de *compressor/descompressor*, trata-se de um algoritmo de compressão de dados que determina como compactar um sinal de vídeo analógico (para efeito de armazenamento e edição no computador) ou expandi-lo para gravação em fita. Também é usado para criar ou ler vídeo compactado.

Close-up: Plano de câmera fechado ou enquadramento fechado que enfatiza um detalhe, geralmente o rosto de uma pessoa, salientando as expressões faciais.

Compilação: Resumo de uma montagem.

Composição: Criação das características específicas de um personagem (psicológicas, físicas e comportamentais).

Configuração: Posicionamento de câmera dentro de um determinado cenário.

Conflito: Desenvolvimento da ação dramática por meio de uma disputa entre diferentes posições, geralmente opostas.

Continuidade: É a sequência que as cenas devem conter no desenrolar da história sem que haja quebra no contexto, na construção das cenas e, consequentemente, do entendimento (também visual) da história.

Contracampo: Quando a câmera se posiciona em direção oposta à da cena anterior.

Contrazoom de *dolly*: Aproximar a imagem com *zoom* enquanto afasta a câmera com *dolly*; ou afastar a imagem com *zoom* enquanto aproxima a câmera com *dolly*.

Conversão A/D: Converter uma amostragem analógica para digital.

Copiagem: Estampar em um disco óptico, como um CD ou DVD, a partir de um máster de vidro.

Corte: Quando, na construção de um filme, passa-se de uma cena diretamente para outra, sem efeitos.

Corte de continuidade: Quando uma cena é cortada e sua sequência é retomada em outro intervalo de tempo.

Créditos: Relação das pessoas ou empresas que contribuíram para a realização do filme ou de algum outro produto audiovisual. São exibidos geralmente ao final do filme.

Cross fade: Dissolução de áudio em que o nível de uma trilha aumenta enquanto o nível da outra diminui.

Cut-away close-up: Essa definição se justifica quando a relacionamos com a edição (montagem). É uma cena em *close-up* de uma ação que não é a principal (secundária), mas que se desenvolve ao mesmo tempo da ação principal. Esse *close-up* é editado entre as duas cenas principais.

Cut-in close-up: Esse conceito também só tem significado na montagem. É uma tomada em *close-up* de uma parte importante da ação principal, que deve ser montada entre duas tomadas normais dessa ação.

D

Dat: Digital audiotape; um formato digital de fita cassete.

Data/time: Função da câmera que imprime data e hora na gravação.

Decupagem: Planificação do filme definida pelo diretor, incluindo todas as cenas, posições de câmera, lentes a serem usadas, movimentação de atores, diálogos e duração de cada cena.

Deliverables: Itens que somos obrigados a entregar ao distribuidor.

Desfocar: Quando a câmera muda o foco de um objeto para outro.

Designações de modo de varredura: Os modos de varredura são designados usando uma combinação de velocidade de quadro (normalmente 24 ou 30) e uma letra representando o método de varredura ("I" para entrelaçado ou "P" para progressivo). Por exemplo: 24P, 30I e 30P.

Diálogo: É a fala das personagens, a comunicação entre elas.

Digital 8: Padrão de vídeo digital criado pela Sony que também é compatível com os sistemas analógicos 8mm e Hi-8 (somente para reprodução).

Digitalização: Processo de conversão de um sinal analógico para digital.

Direito subsidiário: Exploração de um trabalho protegido por direitos autorais em diferentes meios, como vendas de CD com a trilha sonora de um filme.

Direitos morais: Direitos de um autor preservar a integridade de seu trabalho, mesmo após a venda ou o licenciamento.

Dissolve: Efeito de vídeo no qual uma cena desaparece ao mesmo tempo que outra surge no lugar.

Distância focal: Faixa de distância na qual uma lente pode ser focalizada para obter uma imagem nítida.

Dolly: Equipamento que é acoplado ao tripé, permitindo que a câmera se movimente.

Domínio público: Diz-se de obras que, por terem expirado o prazo de proteção legal, podem ser reproduzidas livremente.

Double-tracking: Dublar sobre uma trilha previamente gravada para que o vocalista possa cantar consigo mesmo, a fim de criar harmonia.

Dual-processor: Computador com dois processadores funcionando em conjunto.

Dublagem: É a inclusão de uma nova voz substituindo a voz original (diálogo, locução, narração) nas produções audiovisuais.

Dublê: Ator substituto que possui a mesma constituição física e veste roupa semelhante à do ator real. Os dublês caminham por uma cena para auxiliar o diretor de fotografia a definir as luzes.

DV: Abreviatura de *Digital Video*, sistema de gravação digital de alta definição desenvolvido por um grupo de empresas em 1993. Câmeras compatíveis com esse sistema gravam imagens no formato binário em vez de sinais analógicos.

DVD híbrido: DVD que contém clipes de vídeo e outros documentos.

E

Edição bruta: A primeira versão de um programa do editor, normalmente sem efeitos especiais ou música.

Edição desdobrada: Transição em que a imagem da cena entrando precede o corte de som (*L-cut*) ou o som da cena entrando precede o corte da imagem (*J-cut*).

Edição em câmera: Filmar apenas um *take* de cada tomada que precisamos; filmar apenas as partes das cenas que esperamos usar na edição. Por exemplo: não filmar uma mestra o tempo todo se cortaremos para *close-up*.

Edição fina: Qualquer versão posterior de uma edição em andamento.

Edição final: Edição de um programa aprovada pelo produtor ou diretor.

Edição não destrutiva: Editar um clipe sem afetar o material original.

Editor de filme: Editor chefe, principal responsável pela montagem de um filme.

EIS (*Electronic Image Stabilization*): Estabilização digital da imagem. Proporciona maior estabilidade às imagens gravadas, sem o apoio de um tripé, por exemplo.

Eixo: Linha imaginária através de um microfone, definindo o núcleo do seu padrão de captação.

Eixo de ação: É a linha de ação das personagens, quando, por exemplo, elas se olham. O campo em que os movimentos serão executados.

Elenco: É a relação de pessoas (atores) que irão participar de um filme, uma peça de teatro ou qualquer outra produção artística.

Enlatado: Descreve uma seleção dentro de uma biblioteca de música ou efeito de som; um efeito ou tom pré-gravado.

Empatia: É a relação de aproximação (simpatia) do público pelo personagem.

Enquadramento: É a inserção dos elementos de uma cena (pessoas, objetos, paisagens) nos limites visuais captados pela câmera.

Ensaio técnico: Último ensaio antes do primeiro *take*.

Entrecortar: Inserir uma tomada dentro da outra; ou cortar alternadamente e repetidamente de uma tomada para outra.

Epístola: Técnica narrativa que consiste em abrir uma cena com a carta em que o autor se dirige a um amigo, a fim de relatar uma história pretensamente verídica.

Espelho: É como um cronograma que descreve as cenas, a abertura, a atuação dos personagens e dá outras informações necessárias para a realização da cena.

Estourar: Estrear um filme de cinema em milhares de cinemas no mesmo dia.

Estrado de Foley: Estrado com diferentes superfícies e repartições contendo material para realçar o som dos passos.

Estrutura: Fragmentação do argumento em cenas.

Externas: Cenas gravadas ao ar livre, fora dos estúdios.

Extras: São atores figurantes que participam de um filme, geralmente em papéis secundários.

Eyecup: Proteção de borracha envolvendo a ocular do visor.

F

Fade in: Quando a imagem surge gradualmente de uma tela escura ou clara, dependendo da linguagem adotada na edição.

Fade out: Quando a imagem escurece gradualmente ao seu final.

Ficção: Uma intepretação da realidade, invenção, imaginação.

Filme negro: Um gênero barato de filmes de ficção pós-guerra que descreve heróis cínicos envolvidos em dramas de crimes urbanos. Em francês, *film noir*.

Financiamento negativo: Prática usada por produtores independentes para garantir financiamento da produção com base em acordos prévios de distribuição.

Fixo: Refere-se a uma câmera em um tripé ou algum outro tipo de suporte, ao contrário de estar segura na mão.

Flashback: Cena que relembra acontecimentos do passado.

Flashforward: Cena que revela acontecimentos do futuro.

Folha de chamada: Lista contendo atribuições e horários de apresentação da equipe e do elenco, bem como requisitos de equipamento, instruções e números de contrato para o próximo dia de filmagem.

Folha de especificações de *script*: Lista dos itens e elementos orçamentários de produção especificados em um roteiro para uma cena.

Folha de rosto: Página de roteiro contendo informações de título, nome e *e-mail* do autor e número do registro da obra.

Formato de gravação: Padrão técnico para a captura de imagens e/ou som em mídia magnética ou óptica.

Fotômetro de incidência: Dispositivo de fotocélula que mede a intensidade da luz incidindo no assunto, em vez do nível geral refletido na lente da câmera.

***Frame* ou quadro**: Imagem estática de um vídeo. Apresentados em sequência, esses quadros criam uma ilusão de movimento.

Frame rate: Número de quadros de vídeo exibidos em um determinado período de tempo, normalmente medidos em *frames* por segundo (fps). Os sistemas de vídeo podem apresentar 25 ou 30 fps.

Franquia: Na televisão a cabo, uma licença governamental para operar em uma metrópole específica.

Freeze: Congelamento de uma cena, normalmente produzido no momento da edição.

F-stop: Índice numérico que define o tamanho de abertura. As definições de *f-stop* das *camcorders* geralmente variam de f/1.6 (maior abertura, permitindo a maior quantidade de luz entrando na lente) a f/16 (menor abertura, permitindo a menor quantidade de luz).

Fusão: Sobreposição de duas imagens no momento de sua transição, ou seja, um efeito de transição em que a primeira imagem é substituída gradativamente pela segunda.

G

Gancho: É uma maneira de prender a atenção do espectador. Momento que precede o próximo programa (novo episódio, novo capítulo) ou uma propaganda.

Ganho de vídeo: Grau de amplificação da saída de CCD, medido em decibéis.

Gel: Material óptico transparente que muda a cor da luz que o atravessa.

H

Halo desfocado: Áreas sem foco ao redor do objeto focado.

Haste de microfone: Vara longa na extremidade da qual o microfone é preso.

HD (*High Definition*): Vídeo digital de alta resolução, que produz uma exibição de tela ampla (16:9), com resolução de, pelo menos, quatro vezes o vídeo convencional. Também chamado de *hi-def*.

Headshot: Fotografia de publicidade do ator ou da atriz, normalmente com um currículo impresso no verso ou anexado.

Hertz: Ciclos por segundo (Hz).

Hi-8: Formato de vídeo analógico de alta qualidade que produz imagens com 400 linhas de resolução (contra 240 linhas do VHS).

I

Ideia: Semente da história, ideia de construção do roteiro.

Indicações: Anotações sobre a cena, o estado de ânimo da personagem.

IEEE 1394: Também conhecida pelas marcas comerciais FireWire e I.Link, trata-se de uma interface serial de alta velocidade criada pela Apple Computer e muito popular para transmitir sinais de vídeo digital de uma câmera DV para um computador e vice-versa.

Iluminação mista: Configuração de iluminação contendo fontes de luz características, de cor variável.

Imagens geradas por computador (CGI): Imagens sintéticas, efeitos especiais ou animações produzidos pela manipulação de objetos gráficos em *software*.

Insert: Imagem breve, rápida e quase sempre inesperada, que lembra momentaneamente o passado ou antecipa algum acontecimento detalhado do presente. Dispositivo do módulo de gravação da câmera que permite inserir novas imagens sobre as anteriormente gravadas, preservando o som original.

Íris: Regula a quantidade de luz que entra pela lente. Na maioria das câmeras, a íris é controlada automaticamente.

Interação: Ação física realizada por um ator ou uma atriz.

Interpolação: Processo de aproximação matemática pelo qual o circuito digital estima os valores de *pixel* ausentes.

Intenção: Vontade implícita ou explícita da personagem.

ISO/ASA: Índice numérico de sensibilidade do filme.

L

Lap dissolve: Dissolve prolongadamente.

LCD: Tela de cristal líquido que mostra a imagem atual por meio da lente de uma *camcorder*.

Lente de *zoom*: Lente de uma distância focal continuamente variável; aplicar mais *zoom* aumenta a magnitude e faz o assunto parecer mais próximo, enquanto diminuir o *zoom* tem o efeito contrário.

Linha dos olhos: Linha imaginária que conecta os olhos de dois atores enquanto um olha para o outro.

Lista de tomadas: Lista de tomadas individuais, incluindo cenários, assuntos e ações-chave.

Local: Lugar físico onde se planeja filmar, como um parque, um prédio comercial etc.

Localização: Localização de uma história no tempo e no espaço.

Locução em *off*: Voz de um locutor, narrador ou ator que narra determinada cena sem aparecer.

Long shot: Plano em que a cena é mostrada em sua totalidade, ou seja, todo o cenário é mostrado.

Looping: Processo de substituição de diálogo durante o qual as falas gravadas no cenário são substituídas pelas falas dos dubladores.

Lossless compression: Técnica de compressão de dados que não descarta informações, de modo a manter a qualidade original da imagem. Um exemplo típico é o sistema DV.

Lossy compression: Técnica de compressão de dados que descarta parte da informação contida em um vídeo, visando diminuir as necessidades de armazenamento. O padrão MPEG/JPEG é um exemplo.

Luz ambiente: Luz que ocorre naturalmente.

M

Macro: É a técnica usada para gravar ou fotografar pequenos objetos.

Marcar: Sinalizar a posição inicial e final do ator com uma fita no chão do cenário.

Martini: A última tomada do dia.

MD (*Minidisc*): Um pequeno disco magnético para gravação de áudio digital.

Método estrutural: Seguir estritamente um *storyboard* ou plano de tomada.

Método improvisatório: Permitir experimentação no cenário conforme as atuações dos atores e/ou o projeto de tomada.

Microfonia: Zunido indesejável em um circuito de áudio, normalmente causado pelo posicionamento do microfone muito perto do alto-falante.

Minissérie: É uma espécie de seriado ou série com curta duração e poucos episódios.

Modo *drop-frame*: Velocidade de quadro NTSC padrão de 29,97 fps.

Morphing: Transformação visual em que a forma de um objeto parece se misturar continuamente com a forma de outro.

Motion-blur: Filtro que simula movimento da câmera ou do assunto e suaviza os detalhes fazendo grupos de *pixel* parecerem desfocados.

Multiplot: Várias cenas de ação com mesma importância dentro da história.

Multi speed zoom: Dispositivo que aumenta a velocidade do *zoom* conforme a pressão que se faz sobre o botão correspondente.

N

NLE: Edição não linear (edição digital).

NTSC (*National Television Standards Committee*): Padrão de transmissão norte-americano.

Noite americana: Em iluminação, técnica americana na qual uma cena filmada durante o dia recebe efeitos que a fazem parecer ser noite.

O

Objetos de cena: São os elementos cênicos utilizados para a decoração do cenário.

Oclusiva: Som produzido na fala humana pela emissão de uma pequena rajada de ar.

Off: É uma locução ou narração em que a pessoa que fala não aparece em cena, apenas sua voz.

P

Padrão de captação: Lugar geométrico dentro do qual o microfone é mais sensível ao som.

PAL (*Phase Alternating Line*): Padrão de transmissão de televisão britânico.

Panorâmica (Pan): Câmera que se move de um lado para o outro, sempre no sentido horizontal, dando uma visão geral do ambiente.

Passagem de tempo: Maneira utilizada para mostrar que o tempo passou.

Per-diem: Valor de salário diário; também significa a remuneração diária para despesas pessoais, como refeições e estacionamento.

Pixel (*picture × elements*): Menor área de cor na imagem de vídeo digital. Quanto maior for o número de *pixels* do CCD, melhor a qualidade da imagem.

Plano americano: Plano de câmera utilizado para enquadrar uma pessoa acima dos joelhos.

Plano de conjunto: Plano que enquadra a área em que geralmente se desenvolvem as ações, ou seja, o cenário ainda se impõe, porém com os elementos mais definidos.

Plano geral: Plano que, além de mostrar as pessoas, focaliza também todo o ambiente em que se desenrola a ação, muitas vezes dando mais ênfase ao ambiente do que aos componentes (pessoas).

Plano médio: Como o próprio nome diz, é um plano em que nada é mostrado por completo. As pessoas aparecem apenas da cintura para cima e os objetos aparecem parcialmente.

Plano de tomada: Diagrama mostrando as configurações de câmera e as posições dos atores exigidas para capturar todas as tomadas necessárias para a cena.

Plot: É o enredo, as ações internas de uma história que criam a estrutura narrativa.

Plug-in: Módulo de *software* que é executado dentro de outra aplicação para estender suas capacidades.

Ponto de ataque: Ponto em que o espectador é introduzido em uma nova cena.

Ponto de identificação: Relação convergente entre plateia e ação dramática.

POV (ponto de vista): Tomada mostrando o que a personagem está vendo.

Preparação: Cenas que antecedem o clímax, o ponto alto da história.

Primeiro plano: Localização mais próxima à câmera, dentro de um enquadramento.

Q

Quadro: Imagem estática dentro de uma sequência de movimento capturada por uma *camcorder*.

Quick motion: Câmera acelerada; cena passada com velocidade mais rápida que a normal.

R

Ramping: Mudar suavemente a velocidade de reprodução de um clipe – por exemplo, da velocidade normal para câmera lenta, daí para câmera acelerada e novamente para a velocidade normal.

Rec review/quick review: Dispositivo da câmera que, ao ser acionado, mostra os últimos segundos da imagem que acabou de ser gravada. Em seguida, reposiciona a fita no ponto para ser retomada a gravação.

Regra de direção de tela: O movimento dos atores dentro do quadro precisa preservar a continuidade de uma tomada para outra.

Regra dos terços: Orientação para composição visual que divide um quadro em terços imaginários horizontais e verticais.

Renderização (*rendering*): Cálculos matemáticos necessários para exibir imagens digitais em uma tela de computador. Combinação de todos os elementos de um vídeo já editado para um formato pronto para ser gravado em uma fita ou em outra mídia.

Resolução: Nitidez e detalhe de uma imagem de filme ou vídeo; resolução espacial.

Resolução cromática: O número de cores que uma *camcorder* ou tela de vídeo é capaz de gravar ou exibir.

Resolução espacial: O número de *pixels* usados por uma *camcorder* ou tela de vídeo.

Reverberação: Efeito de eco; também chamado de *reverb*.

Reversão de expectativa: Quando a história se desdobra de maneira que o expectador não esperava, provocando surpresa.

Roteiro: Descrição de uma história que será contada por meio de imagens.

Roteiro final: Roteiro finalizado aprovado, pronto para ser filmado.

Roteiro literário: Roteiro que não contém indicações técnicas.

Roteiro técnico: É um roteiro com as indicações de planos, iluminação, localização, cenários e demais indicações para a produção.

Rubrica: Indicações que irão orientar os atores em sua composição e atuação. Podem indicar gestos, movimentações, estados de ânimo, reações etc.

S

Saturação: Intensidade de uma cor.

Script: Texto com instruções para orientar atores, produção e demais envolvidos.

Secam (*Séquentiel couleur avec mémoire*): Padrão de transmissão de televisão francês e asiático.

Sequência: Cenas ligadas pela continuidade.

Set: É o local onde se realiza o filme.

Signatário: Produtor que concorda em acatar as normas trabalhistas de um sindicato.

Sinopse: Forma de apresentar a história, como um livro. É um modo de esgotar a ideia, apresentando o conflito e definindo o perfil das personagens.

Sitcom (**comédia de situação**): É a abreviação em inglês para "comédia de situação", uma série de TV com um ou mais episódios em tom humorístico, cujas ações acontecem em um ambiente comum do dia a dia.

Slow motion: Câmera lenta.

Sobre o ombro: Tomada em *close-up* de um ator, feita por trás de outro ator na cena; OTS.

Som guia (ou *playback*): Som base utilizado como referência para os trabalhos de edição.

Speed 2 recording: Dispositivo que permite gravar em velocidade SP (duas horas) ou EP (seis horas), nesta última com perda da qualidade de imagem de até 40 %.

Speed shutter: Controla o tempo de entrada da luz pela lente. Realiza a mesma função do obturador da máquina fotográfica. Com regulagem ajustada para 1/1000, por exemplo, o *speed shutter* fica aberto por 1 milésimo de segundo a cada quadro de imagem (cada segundo de imagem em vídeo tem 30 quadros, ou *frames*).

Split screen: Tela dividida, de modo que uma imagem aparece ao lado da outra.

Storyboard: Uma série de ilustrações desenhadas a mão das tomadas pretendidas pelo diretor, com base em sua interpretação visual do roteiro.

Storyline: Forma sucinta e objetiva de se contar uma história. Nela devem ser apresentados o conflito, seu desenvolvimento e sua solução.

Streaming: Tecnologia que apresenta fluxos contínuos de áudio e/ou vídeo em tempo real, podendo ser distribuídos sob demanda pela rede. Informações nesse formato podem ser armazenadas em servidores e fornecidas para qualquer usuário em tempo real com o Real Player ou Windows Media Player.

Strike: Desmonte de cenário e embalagem de equipamentos em preparação para mudar para outro local de filmagem.

Superclose: É uma variação do *close-up*. A imagem (no caso, o rosto) não aparece em sua totalidade, mas sim detalhes importantes determinados pela linguagem da cena.

Superimpose: Dispositivo digital de algumas câmeras que permite sobrepor textos ou desenhos de uma só cor sobre a imagem gravada.

S-Video: Sinal de vídeo cujas informações de luminância (brilho) e crominância (cores) são transmitidas separadamente, ao contrário do sistema de vídeo composto. A maioria das câmeras Hi-8, DV, além de DVDs e TVs de tela grande, oferecem esse tipo de conexão.

Supervisor de script: Membro da equipe de produção que observa a filmagem para garantir fidelidade ao *script* e evitar falhas de continuidade.

Suspense: Tipo ou gênero de narrativa em que prevalecem as situações de tensão, com a intenção de provocar sustos.

T

Take: Pedaço ou trecho do filme que vai desde o disparar inicial da câmera até o momento em que a cena se encerra.

Telegrafar: Descrição rápida e breve do que irá acontecer.

Temporalidade: Tempo determinado em que a história se passa.

Terço inferior: Títulos de vídeo posicionados no terço inferior do quadro.

Tilt: Movimentação de câmera no sentido vertical.

Time code: Informações gravadas de tempo e quadros contidos em gravações que podem ser utilizadas pelos programas de edição de vídeo para recortar clipes.

Tomada: Trecho contínuo da ação de um filme.

Tomada de dois: Tomada que enquadra dois atores.

Tomada de estabelecimento: Imagem que apresenta ao telespectador um novo cenário, onde acontecerá a cena seguinte.

Tomada de reação: Tomada que mostra a expressão facial ou a linguagem de corpo de um ator em resposta a alguma fala ou ação.

Tomada mestra: *Take* contínuo de uma cena inteira, mostrando todos os atores.

Travelling: Câmera em movimento na *dolly*, acompanhando, por exemplo, o andar dos atores na mesma velocidade. Pode ser também qualquer deslocamento horizontal da câmera.

Trim: Marcar os códigos de HMSF (hora, minutos, segundos, *frames*) iniciais e de saída de um *take*.

Two-pop: Tom indicativo que ocorre dois segundos antes de iniciar a imagem.

V

Valores dramáticos: Pontos-chave de um roteiro.

Varredura: Padrão em zigue-zague pintado pelo feixe de elétrons quando este percorre os fósforos fotossensíveis na face interna de um tubo de raios catódicos.

Velocidade do obturador: Regula o período de tempo em que os CCDs são expostos à luz durante cada quadro; não afeta a velocidade do quadro.

Vídeo analógico: Formato de vídeo resultante da gravação eletrônica de imagens por meio de sinais de frequência variada, em fita magnética, o que pode ser feito pelas câmeras de vídeo (também conhecidas como *camcorders*) em vários formatos, entre eles VHS, VHS-C, 8 mm, Hi-8.

Vídeo composto: Sinal de vídeo analógico em que todas as informações são codificadas em um simples sinal.

Vídeo digital: Formato de vídeo que armazena as imagens em um formato binário, o mesmo utilizado pelo computador.

Videodisco: Outro nome dado ao DVD.

Visor: Permite ver a tomada atual através da lente de uma *camcorder*. Normalmente, também exibe informações de *status* do menu.

VTR (*videotape recorder*): Gravador de videoteipe.

W

Walla: Murmúrio de público.

Wipe: Revela gradualmente a próxima cena enquanto a cena atual é deslizada para fora da tela.

White balance: Dispositivo que, por meio do reflexo da luz em uma superfície branca, faz o balanceamento das cores. Em algumas câmeras, essa regulagem pode ser feita automaticamente ou manualmente.

Z

Zoom: Ajuste de lentes que muda a ótica da configuração da imagem.

Zoom-in: Quando a imagem é aproximada por meio do *zoom*.

Zoom-out: Quando a imagem é afastada por meio do *zoom*.

Referências

A CHEGADA do trem na estação. Direção: Auguste Lumière e Louis Lumière. França: 1896. 1 min.

ACOSSADO. Direção: Jean-Luc Godard. França: 1961. 90 min.

ALMEIDA, C. **O cinetógrafo e cinetoscópio de Thomas Edison**. Disponível em: <https://sites.google.com/site/arteprojectada2/ocinet%C3%B3 grafoecinetosc%C3%B3piodethomasedison>. Acesso em: 11 jul. 2019.

ALMEIDA, F. B. de. Câmara escura de orifício. **Mundo Educação**. Disponível em: <http://mundoeducacao.bol.uol.com.br/fisica/camara-escura-orificio.htm>. Acesso em: 11 jul. 2019.

A MÃE. Direção: Vsevolod Pudovkin. Rússia: 1926. 89 min.

A MORTE cansada. Direção: Fritz Lang. Alemanha: 1921. 106 min.

ANDREW, J. D. **As principais teorias do cinema**: uma introdução. Tradução de Teresa Ottoni. Rio de Janeiro: J. Zahar, 1989.

A SAÍDA dos operários da fábrica Lumière. Direção: Louis Lumière. França: 1895. 1 min.

AUMONT, J. **O olho interminável**: cinema e pintura. Tradução de Eloísa Araújo Ribeiro. São Paulo: Cosac & Naify, 2004.

BENTES, I. Vídeo e cinema: rupturas, reações e hibridismo. In: MACHADO, A. (Org.). **Made in Brasil**: três décadas do vídeo brasileiro. São Paulo: Iluminuras;Itaú Cultural, 2007. p. 111-128.

BORDWELL, D.; THOMPSON, K. **A arte do cinema**: uma introdução. Tradução de Roberta Gregoli. Campinas: Ed. da Unicamp; São Paulo: Edusp, 2013.

BRASIL, B. R. V. **Ficção, documentário e narrativa histórica**: um estudo de caso da representação social do sequestro do ônibus 174. 123 f. Dissertação (Mestrado em Comunicação Social) – Pontifícia Universidade Católica do Rio de Janeiro, Rio de Janeiro, 2011. Disponível em: <https://www.maxwell.vrac.puc-rio.br/colecao.php?strSecao=resultado&nrSeq=18792@1>. Acesso em: 5 ago. 2019.

BUSTER KEATON. In: **Biografias**. UOL Educação. Disponível em: <http://educacao.uol.com.br/biografias/buster-keaton.htm>. Acesso em: 11 jul. 2019.

CAMPOS, L. Crítica: Rio, 40 graus. **Plano crítico**, 16 jan. 2018. Disponível em: <https://www.planocritico.com/critica-rio-40-graus/> Acesso em: 11 jul. 2019.

CARRIÈRE, J.-C.; BONITZER, P. **Exercice du scénario**. Paris: Femis, 1990.

CINEMA EM CENA. **Cinco arriscadas cenas da carreira de Buster Keaton**. Disponível em: <http://cinemaemcena.cartacapital.com.br/coluna/ler/1883/cinco-arriscadas-cenas-da-carreira-de-buster-keaton>. Acesso em: 29 mar. 2019.

CORREIA, D. Cinema no contexto da história da arte. **Qorpus**, n. 24, 2015. Disponível em: <http://qorpus.paginas.ufsc.br/como-e/edicao-n-024/cinema-no-contexto-da-historia-da-arte-donny-correia/>. Acesso em: 11 jul. 2019.

COUTO, G. O joelho de Claire (1970). **O mundo dos cinéfilos**, 10 nov. 2014. Disponível em: <http://omundodoscinefilos.blogspot.com/2014/11/o-joelho-de-claire-1970.html>. Acesso em: 11 jul. 2019.

COUTO, P. R. D. A narrativa clássica hollywoodiana no contexto contemporâneo: análise de Harry Potter e as Relíquias da Morte – Parte II. In: ENCONTRO NACIONAL DE HISTÓRIA DA MÍDIA, 9., 2013, Ouro Preto. **Anais...** Disponível em: <http://www.ufrgs.br/alcar/encontros-nacionais-1/9o-encontro-2013/artigos/gt-historia-da-midia-audiovisual-e-visual/a-narrativa-classica-hollywoodiana-no-contexto-contemporaneo-analise-de-harry-potter-e-as-reliquias-da-morte-parte-ii>. Acesso em: 11 jul. 2019.

CUNHA, W. **Biblioteca Educação é cultura**: cinema. Rio de Janeiro: MEC/Bloch/Fename, 1980.

DANCYGER, K. **Técnicas de edição para cinema e vídeo**: história, teoria e prática. Tradução de Maria Angélica Marques Coutinho. Rio de Janeiro: Elsevier, 2007.

DEUS e o diabo na terra do sol. Direção: Glauber Rocha. Brasil: 1964. 120 min.

DEVANEIOS. **Méliès e irmãos Lumière**: visões acerca do cinema. 10 out. 2012. Disponível em: <http://devaneiosregi.blogspot.com.br/2012/10/melies-e-irmaos-lumiere-visoes-acerca.html>. Acesso em: 11 jul. 2019.

DIANA, D. **História do cinema brasileiro**. Disponível em: <https://www.todamateria.com.br/historia-do-cinema-brasileiro/>. Acesso em: 11 jul. 2019.

EBERT, C. Cinema digital: introdução. **Associação Brasileira de Cinematografia**, 1° jun. 2010. Disponível em: <http://abcine.org.br/site/cinema-digital-introducao>. Acesso em: 29 mar. 2019.

FABRIS, A. A captação do movimento: do instantâneo ao fotodinamismo. **ARS**, São Paulo, v. 2, n. 4, p. 51-77, 2004. Disponível em: <http://www.revistas.usp.br/ars/article/view/2933>. Acesso em: 11 jul. 2019.

FAZENDO vídeo. Disponível em: <http://www.fazendovideo.com.br/>. Acesso em: 11 jul. 2019.

FESTA de família. Direção: Thomas Vinterberg. Dinamarca: 1998. 105 min.

GOMES, I. M. M. (Org.). **Gêneros televisivos e modos de endereçamento no telejornalismo**. Salvador: EDUFBA, 2011.

GRIERSON, J. Os três princípios básicos do documentário. **Revista de Cinema**, v. 14, 1954.

HEYMANN, G. Irmãos Lumière: luzes, câmera, ação. **Superinteressante**, Tecnologia, 31 out. 2016. Disponível em: <https://super.abril.com.br/tecnologia/irmaos-lumiere-luzes-camera-acao/>. Acesso em: 11 jul. 2019.

HISTÓRIA do cinema brasileiro. **Sua Pesquisa.com**. Disponível em: <https://www.suapesquisa.com/musicacultura/cinema_brasileiro.htm>. Acesso em: 11 jul. 2019.

IRMÃOS LUMIÈRE. In: **Britannica Escola**. Disponível em: <https://escola.britannica.com.br/levels/fundamental/article/irm%C3%A3os-Lumi%C3%A8re/483343>. Acesso em: 11 jul. 2019.

JABLONKA, I. **La décomposition du mouvement**. 2016. Disponível em: <https://www.histoire-image.org/fr/etudes/decomposition-mouvement>. Acesso em: 12 jul. 2019.

KREUTZ, K. Dogma 95. **Academia Internacional de Cinema**, 6 dez. 2018. Disponível em: <https://www.aicinema.com.br/dogma-95/>. Acesso em: 5 jul. 2019.

LADRÕES de bicicleta. Direção: Vittorio De Sica. Itália: 1948. 93 min.

LEÃO, P. 10 filmes do construtivismo russo. **Cineplot**, 12 mar. 2016. Disponível em: <http://cineplot.com.br/index.php/2016/03/12/10-filmes-do-construtivismo-russo-que/>. Acesso em: 29 mar. 2019.

LISBOA, T. **Entre a estatueta do Oscar e o Oscar da estatueta**. Dissertação (Mestrado em Comunicação e Linguagens) – Universidade Tuiuti do Paraná, Curitiba, 2004.

LOPES, L. Retrospectiva Dogma 95 na Cinemateca, em SP. Época, Mente Aberta, 26 jul. 2010. Disponível em: <http://colunas.revistaepoca.globo.com/menteaberta/tag/lars-von-trier/>. Acesso em: 29 mar. 2019.

LUCENA, L. C. **Como fazer documentários**: conceito, linguagem e prática de produção. São Paulo: Summus, 2012.

MACHADO, A. **Pré-cinemas & pós-cinemas**. Campinas: Papirus, 1997.

MACHADO, J. (Org.). **Roteiro de cinema**: manuais online – vocabulário do roteirista. Disponível em: <http://www.roteirodecinema.com.br/manuais/vocabulario.htm>. Acesso em: 11 jul. 2019.

MALTEZ, J. C. A morte cansada, 1921. **A janela encantada**, 1 fev. 2013a. Disponível em: <https://ajanelaencantada.wordpress.com/2013/02/01/a-morte-cansada-1921/>. Acesso em: 12 jul. 2019.

_____. O caminho da esperança, 1950. **A Janela Encantada**, 25 nov. 2013b. Disponível em: <https://ajanelaencantada.wordpress.com/2013/11/25/o-caminho-da-esperanca-1950/#more-1723>. Acesso em: 23 jul. 2019.

MASCARELLO, F. (Org.). **História do cinema mundial**. Campinas: Papirus, 2015.

MELO, C. T. V. de. O documentário como gênero audiovisual. **Comunicação & Informação**, v. 5, n. 1/2, p. 25-40, jan./dez. 2002. Disponível em: <http://www.brapci.inf.br/index.php/res/download/81461>. Acesso em: 5 ago. 2019.

MILANI, R. Deus e o diabo na terra do sol. **Papo de cinema**. Disponível em: <https://www.papodecinema.com.br/filmes/deus-e-o-diabo-na-terra-do-sol/>. Acesso em: 12 jul. 2019.

MOSS, H. **Como formatar o seu roteiro**. 1998. Disponível em: <https://edisciplinas.usp.br/pluginfile.php/247034/mod_resource/content/1/Hugo%20Moss.pdf>. Acesso em: 12 jul. 2019.

MUNCH, E. **O grito**. 1893. Óleo sobre tela, têmpera e pastel sobre cartão, 91 × 74 cm. Galeria Nacional de Oslo, Noruega.

MUYBRIDGE, E. **Saut d'obstacle, cheval noir**. 1887. Disponível em: <https://fr.muzeo.com/reproduction-oeuvre/saut-dobstacle-cheval-noir/eadweard-muybridge>. Acesso em: 12 jul. 2019.

NAGIB, L. O rei está vivo. **Folha de S. Paulo**, Ilustrada, 2 nov. 2000.

NICHOLS, B. **Introdução ao documentário**. Tradução de Mônica Saddy Martins. Campinas: Papirus, 2005.

NOSFERATU. Direção: Friedrich Wilhelm Murnau. Alemanha: 1922. 94 min.

O ALMOÇO do bebê. Direção: Louis Lumière. França: 1895. 1 min.

O CAMINHO da esperança. Direção: Pietro Germi. Itália: 1950. 105 min.

O ENCOURAÇADO Potemkin. Direção: Serguei Eisenstein. Rússia: 1925. 75 min.

O GABINETE do Dr. Caligari. Direção: Robert Wiene. Alemanha: 1920. 71 min.

O HOMEM orquestra. Direção: George Méliès. França: 1900. 2 min.

O JOELHO de Claire. Direção: Eric Rohmer. França: 1970. 105 min.

O REI está vivo. Direção: Kristian Levring. Dinamarca: 2001. 108 min.

OS IDIOTAS. Direção: Lars von Trier. Dinamarca: 1998. 117 min.

OS INCOMPREENDIDOS. Direção: François Truffaut. França: 1959. 99 min.

OLIVEIRA, F. C. de. **Espaços excludentes, corpos excluídos: a narrativa cinematográfica de Lars von Trier**. 144 f. Dissertação (Mestrado em Literatura) – Universidade de Brasília, Brasília, 2008. Disponível em: <http://repositorio.unb.br/bitstream/10482/1154/1/DISSERTACAO_2008_FabioCrispimDeOliveira.pdf>. Acesso em: 2 ago. 2019.

PENAFRIA, M. **Algumas questões sobre o documentário e outros tantos equívocos**. Disponível em: <http://www.bocc.ubi.pt/pag/penafria-manuela-2018-questoes-documentario.pdf>. Acesso em: 12 jul. 2019.

____. O filme documentário em debate: John Grierson e o movimento documentarista britânico. In: **Actas do III SOPCOM, VI LUSOCOM e II IBÉRICO** – volume 1. 2005. Disponível em: <http://www.bocc.ubi.pt/pag/penafria-manuela-filme-documentario-debate.pdf>. Acesso em: 12 jul. 2019.

____. **O filme documentário**: história, identidade, tecnologia. Lisboa: Cosmos, 1999.

____. **O ponto de vista no filme documentário**. Universidade da Beira Interior. 2001. Disponível em: <http://www.bocc.ubi.pt/pag/penafria-manuela-ponto-vista-doc.pdf>. Acesso em: 12 jul. 2019.

R7. **Glossário**. Dicionário de termos cinematográficos. Disponível em: <http://entretenimento.r7.com/cinema/glossario/glossario-1.html>. Acesso em: 12 jul. 2019.

RAMOS, F. P. **Mas afinal... o que é mesmo documentário?** São Paulo: Senac, 2008.

____. **O que é documentário?** Disponível em: <http://www.bocc.ubi.pt/pag/pessoa-fernao-ramos-o-que-documentario.html>. Acesso em: 12 jul. 2019.

____. O que é documentário? In: RAMOS, F. P. et al. (Org.). **Estudos de cinema SOCINE 2000**. Porto Alegre: Sulina, 2001. p. 192-207.

RIBEIRO, M. O dia em que os irmãos Lumière apresentaram o cinema ao mundo. **SUL 21**, 28 dez. 2013. Disponível em: <http://www.sul21.com.br/jornal/o-dia-em-que-os-irmaos-lumiere-apresentaram-o-cinema-ao-mundo/>. Acesso em: 12 jul. 2019.

RIO, 40 graus. Direção: Nelson Pereira dos Santos. Brasil: 1955. 100 min.

RODRIGUES, C. **O cinema e a produção**. 3. ed. Rio de Janeiro: Lamparina, 2007.

ROMA: cidade aberta. Direção: Roberto Rossellini. Itália: 1945. 103 min.

ROMANCINI, R. Documentário: história e linguagem. **Produção de suportes midiáticos para a educação**, 2014. Disponível em: <http://pt.slideshare.net/richard_romancini/documentrio-historia-e-linguagem>. Acesso em: 12 jul. 2019.

RONDELLI, E. Realidade e ficção no discurso televisivo. **Revista Letras**, Curitiba, n. 48, p. 149-162, 1997. Disponível em: <https://revistas.ufpr.br/letras/article/view/19016/12326>. Acesso em: 5 ago. 2019.

RUBINATO, A. **O despertar da besta**: a alma do expressionismo alemão e sua tradução estética do cinema. Disponível em: <http://www.contracampo.com.br/01-10/expressionismoalemao.html>. Acesso em: 12 jul. 2019.

SABADIN, C. **Vocês ainda não ouviram nada**: a barulhenta história do cinema mudo. São Paulo: Lemos, 2000.

SANTIAGO, L. Crítica: Os incompreendidos. **Plano Crítico**, 4 nov. 2014. Disponível em: <https://www.planocritico.com/critica-os-incompreendidos/>. Acesso em: 12 jul. 2019.

SANTIAGO JÚNIOR, F. das C. F. David Bordwell: sobre a narrativa cinematográfica. In: SIMPÓSIO DE PESQUISA EM COMUNICAÇÃO DA REGIÃO SUDESTE, 10., 2004, Rio de Janeiro. Disponível em: <http://docplayer.com.br/4449023-David-bordwell-sobre-a-narrativa-cinematografica.html>. Acesso em: 12 jul. 2019.

SCHATZ, T. **O gênio do sistema**: a era dos estúdios em Hollywood. São Paulo: Companhia das Letras, 1991.

SILVA, S. C. da. Pontos de convergências: características impressionistas no pré-cinema – luz na câmera e na ação. **Caleidoscópio**, v. 1, n. 6, p. 192-197, 2015.

SOUSA, G. Cinema documental: de onde vem o documentário? **Mundo de Cinema**, 2 fev. 2016. Disponível em: <http://mundodecinema.com/documentario/>. Acesso em: 12 jul. 2019.

SOUZA, L. G. **Estrutura e linguagem do documentário audiovisual.** 21 dez. 2015. Resenha. Disponível em: <https://interartesufgd. wordpress.com/2015/12/21/resenha-larissagoncalves-documentario/>. Acesso em: 12 jul. 2019.

TENDIMAG – Tendências do imaginário. **Fotografar o movimento do corpo.** 25 mar. 2013. Disponível em: <https://tendimag.com/tag/etienne-jules-marey/>. Acesso em: 12 jul. 2019.

UM HOMEM com uma câmera. Direção: Dziga Vertov. Ucrânia: 1929. 68 min.

VIAGEM à Lua. Direção: George Méliès. França: 1902. 14 min.

VIDAS secas. Direção: Nelson Pereira dos Santos. Brasil, 1963. 103 min.

Respostas

Capítulo 1

1. Ele instalou 24 câmeras fotográficas ao longo de uma pista de corrida e a cada uma delas prendeu fios que atravessavam a pista. Conforme o cavalo passava, cortava os fios que imediatamente disparavam a câmera fotográfica à qual estavam ligados. Isso gerou uma sequência de 24 imagens, pelas quais seria possível visualizar perfeitamente cada movimento do cavalo.
2. Ele inventou o cinetógrafo e o cinetoscópio. Ambos eram instrumentos de projeção interna de filmes.
3. c
4. a
5. d

Capítulo 2

1. Para aplicar essa regra, deve-se dividir imaginariamente a imagem em nove parte iguais, traçando-se duas linhas horizontais e duas linhas verticais e posicionando-se o assunto principal na intersecção das linhas, e não ao centro da tela. Isso porque, dependendo da cena a ser captada, nem sempre o centro da tela é o lugar mais apropriado fotograficamente para posicionar o assunto principal. A colocação

em um destes pontos vai depender do assunto e de como se deseja apresentá-lo.
2. É o movimento que descreve uma cena horizontalmente, da esquerda para a direita, ou o inverso, sempre apoiado sobre um eixo (corpo do cinegrafista ou tripé).
3. e
4. a
5. e

Capítulo 3

1. A comparação dos processos de produção do cinema convencional com os do cinema digital nos leva diretamente ao trabalho que as câmeras cinematográficas que se utilizam de película exigem, ou seja, a "filmagem" das cenas, a revelação dos filmes e a edição mecânica destes. A edição digital possibilita que o processo de digitalização das imagens contidas nas películas seja substituído por uma simples transferência de arquivos.

   Também é necessário entendermos que toda a logística da produção cinematográfica sofre alterações, sejam elas na captação, sejam na edição ou na finalização do filme, sejam até mesmo em sua distribuição. Os famosos rolos de filme são substituídos pela transferência de dados por rede, fazendo com que todo o processo, desde o início, seja otimizado.

   Tudo isso nos leva a pensar em como o cinema digital pode facilitar a produção independente, ou seja, aquela que não é feita por grandes estúdios nem faz parte da grande empresa que o cinema se tornou. Embora existam defensores do cinema tradicional e da estética artística que a produção convencional (ou analógica) pode oferecer, são inegáveis as oportunidades que o processo digital pode proporcionar a quem se interessa em produzir filmes, sejam quais forem as finalidades com que são feitos.

2. Quando as imagens são gravadas em determinada câmera digital, um codec (*software* presente na câmera que transforma as imagens que entram pela lente em arquivos digitais) grava as imagens e as transforma em um arquivo digital. Pois bem, para que essas imagens possam ser editadas e lidas pelo *software* em que será feita a edição, esse *software* deve ter o mesmo codec. Se isso não ocorrer, o *software* de edição não reconhecerá as imagens gravadas e não será possível realizar a edição.

   Devemos contar com a integração entre as empresas que fabricam as câmeras e as empresas que desenvolvem os *softwares*, mas isso nem sempre é eficiente, o que gera conflito. Outro detalhe importante é a qualidade das imagens geradas, editadas e finalizadas. Todo esse processo exige conhecimento e habilidade técnica, pois não é difícil que ocorram perdas significativas na qualidade das imagens durante alguma das etapas do processo de produção. Para que isso ocorra, basta alguém escolher o codec errado ou exagerar em alguma taxa de compressão durante a edição e a finalização dos trabalhos.
3. b
4. a
5. a

Capítulo 4

1. O documentário é construído ao longo de um extenso processo produtivo que envolve diversas etapas, desde a pesquisa, passando pela elaboração do roteiro e as gravações, até a edição e a finalização. Essas etapas não se desenvolvem necessariamente nessa ordem, no entanto, a linguagem e o formato que o documentário terá é definido apenas ao fim de todo o processo, com a gravação das imagens, a captura dos depoimentos, a edição e a finalização. Outro detalhe de grande importância está relacionado com as personagens do documentário e com o que será captado. Muitas vezes, o caráter da "realidade" dos fatos pode

alterar planejamentos, roteiros e linguagens, fazendo com que o planejado seja radicalmente alterado.

Para que um filme possa ser considerado documentário, seria necessária sua "indexação ao real". O fato de existirem diversas definições para documentário indica que o gênero pode sofrer alterações ou mesmo ter diferentes linguagens, justamente porque suas características se modificaram ao longo do tempo, sendo aprimoradas e adaptadas de acordo com a linguagem do cinema e, por último, pela própria linguagem da televisão.

2. Embora exista uma relação direta entre o documentário, o cinema e a televisão, é preciso saber diferenciar todas essas produções. Ramos (2008) compara a forma narrativa do que ele chama de *atualidades* ao documentário. Para o autor, "O nome contemporâneo da forma narrativa 'atualidades' é *reportagem*" (Ramos, 2008, p. 58).

Com base nessa definição, o autor faz o seguinte comparativo entre *documentário* e *atualidades*:

> A forma narrativa das atualidades e do documentário diverge historicamente. No caso do documentarismo inglês, existe o esforço para adensar o verniz artístico do enunciar asserções sobre o mundo através de imagens e sons. É através do tratamento criativo que os documentaristas vão criar uma nova arte que se diferencia das atualidades, que são apenas *footage*, ou seja, o transcorrer do mundo impresso na película na posição de recuo completo do sujeito-da-câmera. [...] A nova forma narrativa que surge da matéria-prima das atualidades quer obter, em outro campo, o status artístico já conquistado pela narrativa clássica original. (Ramos, 2008, p. 57-58)

3. a
4. b
5. c

Capítulo 5

1. A edição linear é feita em fitas analógicas. Nesse caso, as cenas são escolhidas na chamada fita *play*, ou seja, a fita em que foram gravadas as imagens "matriz", imagens gravadas pela câmera. Na fita *rec* (*recorder*), ou seja, na fita editada, será copiada a cena que foi escolhida e marcada na fita *play*. A fita editada nada mais é que uma cópia de trechos da fita matriz. É possível editar na própria câmera no momento da gravação, porém, esse processo não dá bons resultados. Com a edição, é possível corrigir erros e falhas, usar somente as cenas que ficaram melhores, remover tomadas repetidas e sem interesse, dar mais ritmo, mudar a ordem, acrescentar efeitos e legendas, enfim, melhorar a qualidade do vídeo. Para fazer esse tipo de edição corretamente, são necessários, no mínimo, dois videogravadores e um monitor. Um dos aparelhos, que pode ser a própria câmera, o *play*, reproduzirá a fita com o material bruto. O outro, *rec*, gravará os trechos gerados pelo *play* em outra fita, produzindo a versão editada. Como a fita editada é uma cópia da fita matriz, ou original, sua qualidade tende a ser um pouco menor do que a da original. Mas, nos equipamentos profissionais, a diferença de qualidade é muito pequena, quase imperceptível.
2. Se imaginarmos a câmera como um olho humano, o CCD é sua retina. A lente da câmera focaliza a luz no *chip*, que gera um fluxo de impulsos elétricos. Esses impulsos são transformados em imagens, que são gravadas em um suporte, como um HD interno, um cartão de memória ou até mesmo, para as câmeras mais antigas, uma fita digital.
3. a
4. b
5. c

Sobre o autor

André Corradini é engenheiro agrônomo formado pela Universidade de Taubaté (Unitau) e mestre em Gestão do Conhecimento pela UniCesumar. Tem experiência de mais de 25 anos na área de videoprodução.

Foi gerente de produção audiovisual e de estúdios, além de responsável pela produção de videoaulas para cursos de educação a distância na UniCesumar. Também foi consultor na área de vídeo da Adobe Brasil, empresa norte-americana desenvolvedora de softwares gráficos, como o Premiere e o After Effects. Durante mais de 10 anos, foi professor de edição e finalização e o responsável por desenvolver todos os treinamentos da área de vídeo da Impacta Tecnologia.

Atualmente, é editor, finalizador, roteirista e diretor de fotografia para TV e vídeo-produções. Atua como professor de edição, finalização e produção audiovisual para TV e documentários tanto para os cursos de Jornalismo como para os de Publicidade e Propaganda do Centro Universitário Internacional Uninter. É autor de materiais didáticos e técnicos relacionados a videoprodução, edição de vídeo e efeitos especiais.

Os papéis utilizados neste livro, certificados por instituições ambientais competentes, são recicláveis, provenientes de fontes renováveis e, portanto, um meio responsável e natural de informação e conhecimento.

FSC
www.fsc.org
MISTO
Papel produzido a partir de fontes responsáveis
FSC® C103535

Impressão: Reproset
Fevereiro/2023